E.Tutorial
www.et.ethz.ch

Programmiereinführung mit Python

Begleitunterlagen

Zum Onlinekurs

Lukas Fässler, Markus Dahinden, Dennis Komm, David Sichau

Trotz sorgfältiger Arbeit schleichen sich manchmal Fehler ein. Die Autoren sind Ihnen für Anregungen und Hinweise per Email an et@ethz.ch dankbar!

Verlag: BoD · Books on Demand GmbH, Überseering 33,
22297 Hamburg, bod@bod.de
Druck: Libri Plureos GmbH, Friedensallee 273, 22763 Hamburg
ISBN 978-3-6963-9460-8

Bibliografische Information der Deutschen Nationalbibliothek
Die Deutsche Nationalbibliothek verzeichnet diese Publikation in der Deutschen Nationalbibliografie; detaillierte bibliografische Daten sind im Internet über http://dnb.dnb.de abrufbar.

Version: 9, Datum: 14 July 2026, Hash: 1c1c9a6

Lukas Fässler, Markus Dahinden, Dennis Komm, David Sichau

Programmiereinführung mit Python

Begleitunterlagen

Zum Onlinekurs

Inhaltsverzeichnis

Wie soll dieses Buch verwendet werden?

Das vorliegende Buch enthält alle Begleitunterlagen zum Onlinekurs **Programmiergrundlagen mit Python**. ETH Studierende finden die begleitenden Programmieraufgaben auf der **Code Expert-Plattform**. Externe können sich hier kostenlos registrieren: `et.ethz.ch`

Der Kurs besteht aus folgenden **8 Modulen**:

Modul	Titel
1	Erste Programme, Variablen und Datentypen
2	Kontrollstrukturen und Logik
3	Sequentielle Datentypen, Such- und Sortieralgorithmen, Sequenzanalyse
4	Funktionen, Module und Simulationen
5	Daten verwalten in Python mit einer relationalen Datenbank
6	Matrizenrechnen, Zufallsexperimente und Monte-Carlo-Simulationen
7	Klassen und Objekte
8	Data Science mit Python

Jedes Modul dauert abhängig von Ihrem Vorwissen 4 bis 8 Arbeitsstunden. Die Materialien in diesem Buch und auf der Webseite begleiten Sie von der Einführung der Begriffe und Konzepte, über deren Verwendung in einfachen Programmier-Beispielen bis hin zur selbstständigen Anwendung und Diskussion in kleinen Programmier-Projekten.

Jedes Modul ist in folgenden **4 Phasen** organisiert:

1. **SEE**: Kurze Einführung in die wichtigsten Begriffe und Programmier-Konzepte des Moduls.
2. **TRY**: Computerbasierte Einführung an einfachen Programmier-Beispielen direkt in einer Programmierumgebung. Angeleitet werden Sie dabei von einem elektronischen Tutorial (E.Tutorial®).
3. **DO**: Selbstständige Umsetzung kleiner Programmier-Projekte. Verknüpfung der

neuen Programmier-Konzepte mit den bereits bekannten.

4. **EXPLAIN**: Diskussion der individuellen Resultate aus Phase 3 mit Fokus auf die neuen Konzepte dieses Moduls.

Dieses Buch enthält alle Begleitmaterialien für die Phasen 1 und 3.

Das Unterrichtskonzept dieses Kurses wurde 2018 an der ETH Zürich mit dem **KITE-Award** (*Key Innovation in Teaching at ETH*) ausgezeichnet.

Danksagung

Wir danken folgenden Personen:

- Prof. Dr. Hans Hinterberger, Dr. Barbara Scheuner und Dr. Hermann Lehner für das Bereitstellen von Vorlesungsunterlagen und Aufgabenstellungen.
- Prof. Dr. Juraj Hromkovič und dem Fonds Innovedum der ETH Zürich für die finanzielle Unterstützung.
- Dr. Hans Joachim Böckenhauer, Dr. Tobias Kohn, Prof. Dr. Dominik Gruntz, Dr. Arno Liegmann, Oliver Probst, Marco Schmid, Matthias Roshardt, Robin Schmidiger für das Korrekturlesen.

E.Tutorial
www.et.ethz.ch

Programmieren mit Python Modul 1

Erste Programme, Variablen und Datentypen

Theorieteil

Autoren:

Lukas Fässler, Dennis Komm, David Sichau

Begriffe

Programmiersprache	Datentyp
Programm	Ganzzahl (Integer)
Anweisung	Gleitkommazahl (Float)
IDE	String (Zeichenkette)
Quelltext	Wertzuweisung
Syntax	Initialisierung
Semantik	Arithmetische Operatoren
Compiler	Ausdruck
Bit/Byte	Bildschirmein- und Ausgabe
ASCII-Code	String-Konkatenierung
Variable	Zeilenumbruch

Theorieteil

1.1 Modulübersicht

Die Entwicklung des Computers ermöglicht uns, Rechenarbeit durch Maschinen erledigen zu lassen. Der Computer kann jedoch allein keine Probleme lösen, sondern ihm muss ein Lösungsweg (eine Bearbeitungsvorschrift) gegeben werden. Dieser Lösungsweg wird ihm in Form eines **Programms** mitgeteilt. Dies geschieht wiederum in einer speziellen Sprache, der **Programmiersprache**.

Programme bestehen aus einer Folge von **Anweisungen**. Eine solche Anweisung kann zum Beispiel eine Berechnung sein. Um Werte einer solchen Berechnung in einem "Behälter" abzulegen und zu verwalten, kommen **Variablen** zum Einsatz.

Computer können nur Zahlen verarbeiten. Sie haben dabei kein Problem, eine Zahl durch einen Buchstaben zu dividieren, aber die Reslutate können unsinnig sein oder sogar zum Programmabsturz führen. Deshalb klassiert man Werte in so genannten **Datentypen**. Sie schränken die Operationen ein, die auf die Daten ausgeführt werden können.

1.2 Schreiben von Computerprogrammen

Wenn zwei Menschen miteinander kommunizieren, wird dies von vielen Dingen, wie beispielsweise Mimik und Gestik, begleitet. Auf die Frage "*Wie geht es dir?*" kann eine Antwort "*Gut.*" ganz unterschiedlich interpretiert werden, abhängig davon, wie der Antwortende dies zum Beispiel betont. Menschen besitzen einen Intellekt, der es ihnen ermöglicht, einen Dialog zu interpretieren und in einen Kontext zu setzen. Computer haben diese Fähigkeit nicht. Um mit einem Rechner zu kommunizieren, müssen wir uns exakt ausdrücken. Der Computer weiss nicht, was wir eigentlich gemeint haben, sollten wir uns falsch ausgedrückt haben. Für die ersten Computer war dies eine sehr mühselige Aufgabe, denn die Sprache, die ein Computer versteht, ist für Menschen sehr unintuitiv. Deshalb wurden sogenannte Hochsprachen entwickelt, die unserer natürlichen Sprache näher sind. In diesem Kurs werden Sie eine solche Sprache, nämlich **Python**, verwenden, um Bearbeitungsvorschriften als Computerprogramme umzusetzen.

1.2.1 Computerprogramme bestehen aus Daten und Anweisungen

Ein **Computerprogramm** ist im Wesentlichen eine Auswahl von Daten und eine Folge von Instruktionen oder **Anweisungen** (*statements*), die – wenn sie ausgeführt werden – jeweils eine bestimmte Funktion erfüllen. Zum besseren Verständnis können Sie sich ein Kochrezept vorstellen. Es enthält als erstes die Mengenangaben der Zutaten (Daten) und danach die Reihenfolge der Schritte (Anweisungen), die man ausführen muss, um ein bestimmtes Gericht zu kochen. Das Grundschema eines Rezepts ist meistens dasselbe: zuerst die Zutaten, danach die einzelnen Arbeitsschritte.

Mit einem Computerprogramm verhält es sich ähnlich. Jedes Programm folgt ebenfalls einer Folge von Befehlen. Damit eine Folge von Anweisungen von einem Computer ausgeführt werden kann, muss sie der **Syntax** einer Programmiersprache gehorchen. Bei natürlichen Sprachen sind Ihnen solche Regeln betreffend Grammatik und Rechtschreibung bekannt.

Zu den Anweisungen in einem Kochrezept gibt es allerdings einen wesentlichen Unterschied. Wir müssen bei den Instruktionen präzise sein. Vorschriften analog zu „nach eigenem Ermessen würzen“ werden wir hier nicht finden, da der Computer sie nicht eindeutig auswerten kann.

Folgende Zeile zeigt ein sehr einfaches Beispiel für die Programmiersprache Python:

```
print("Willkommen zu Programmieren mit Python.")
```

Unser Programm enthält in diesem Fall

- eine **Anweisung** (die Druckanweisung `print()`)
- die **Daten** (in diesem Fall den Text `Willkommen zu Programmieren mit Python`).

Wird dieses Programm nun ausgeführt, wird die folgende Zeile in die Konsole ausgegeben:

```
Willkommen zu Programmieren mit Python.
```

Das, was ein Programm ausführt, also seine Bedeutung, nennt man die **Semantik** des Programms. Die Prüfung der Semantik eines Programms ist um einiges anspruchsvoller als die Prüfung der Syntax.

1.2.2 Programme müssen übersetzt werden

Programme in einer Programmiersprache sind für uns Menschen lesbar und verständlich. Wie bereits erwähnt, versteht ein Computer sie aber nicht direkt, sondern nur nach einer Umwandlung in Instruktionen für seinen Prozessor. Diese sind für uns nicht nur schwer verständlich, sondern auch wesentlich simpler als die Anweisungen eines Programms in einer Hochsprache wie Python. Das heisst, eine einzelne Instruktion eines Programms führt zu einer Folge mehrerer Prozessor-Instruktionen.

Damit nun ein Computer unser Programm ausführen kann, müssen die Anweisungen des Programms in Instruktionen des Computers übersetzt werden. Für das Übersetzen von Programmen aus einer Programmiersprache in eine Folge von Prozessor-Instruktionen gibt es spezielle Computerprogramme, so genannte **Kompilierer** (*Compiler*, Übersetzer). Der Vorgang des Übersetzens wird deshalb auch **kompilieren** genannt. Nach dem Kompilieren werden Syntaxfehler vom Compiler erkannt und gemeldet, semantische Fehler nicht.

Schreiben und Ausführen eines Python-Programms

Python-Programme werden als reiner Text mit der Dateiendung *.py* gespeichert. Um diese Dateien editieren und abspeichern zu können, reicht ein einfacher Texteditor. In einem zweiten Schritt muss das Programm ausgeführt werden. Dabei wird das *.py*-File dem Python-Interpreter übergeben und bekommt die neue Dateiendung *.pyc*. Diese Datei wird dann vom Virtual Environment von Python ausgeführt. Wir verwenden in diesem Kurs eine an der ETH entwickelte und für den Unterricht optimierte Online-**IDE** (*Integrated Development Environment*) mit dem Namen Code Expert[1]. Diese ermöglicht das Schreiben und Ausführen Ihrer Programme in derselben Umgebung und stellt einige hilfreiche Funktionen zur Programmentwicklung bereit. Sie können die Übungen auch ohne Code Expert bearbeiten. In diesem Falle empfehlen wir die Verwendung einer Desktop-IDE wie z.B. PyCharm, welche Sie als Studentin oder Student kostenlos beziehen können. Auf der E.Tutorial-Plattform[2] finden Sie eine Installationsanleitung.

Kommentare

Kommentare sind Lesehilfen für Menschen. Sie dienen der Beschreibung des Quellcodes. Der Compiler liest über die Kommentare hinweg und ignoriert diese vollständig. Es können beliebig viele Kommentare eingefügt werden. Wie bei allen Programmiersprachen muss mit einem bestimmten Zeichen festgelegt werden, wo ein Kommentar beginnt und wo er endet. In Python verwendet man zur Markierung eines Kommentars zu Beginn der Zeile eine **Raute** oder **Hash-Zeichen** (#). Kommentare über mehrere Zeilen können zwischen je drei aufeinander folgende Anführungszeichen (`"""`) und (`"""`) gesetzt werden.

Im folgenden Beispiel werden die Zeilen 1, 5 und 6 vom Compiler ignoriert, die 2. Zeile wird hingegen übersetzt:

---

[1] expert.ethz.ch
[2] et.ethz.ch

```
# Dies ist ein Kommentar und wird vom Compiler ignoriert.
print("Diese Zeile wird vom Compiler übersetzt.")

"""
Dies ist ebenfalls ein Kommentar. Diese Zeilen werden
vom Compiler ignoriert.
"""
```

1.3 Darstellen von Zahlen und Zeichen im Computer

In einem Programm werden Daten verarbeitet, die sich in ihrer Art unterscheiden (z.B. Zeichen, Zahlen oder logische Daten). Digitale Daten werden immer durch Ziffern dargestellt. Um die Darstellung von Zeichen, Zahlen und Texten im Computer zu verstehen, ist es hilfreich, das **binäre System** zu kennen.

1.3.1 Binäres System

Alle Rechner stellen Informationen im binären System dar. Dieses kennt nur zwei Ziffern, nämlich 0 und 1 (im Gegensatz zum Dezimalsystem mit den Ziffern 0 bis 9). Eine solche Ziffer wird als **Bit** bezeichnet (Abkürzung für *Binary Digit*, übersetzt „Binäre Ziffer"). Ein Bit entspricht dem kleinsten speicherbaren Wert in einem Computer. Jeweils 8 Bit werden zu einem **Byte** zusammengefasst. Ein Byte kann somit $2^8 = 256$ verschiedene Sequenzen von je 8 Bit speichern.

1.3.2 Darstellung von Zahlen im binären System

Betrachten wir die Zahl 91, die binär mit 8 Bit als 01011011 dargestellt wird (siehe Tabelle 1.1). Wir reden deswegen in diesem Zusammenhang von der **Binärdarstellung** von 91 (und nicht von der Dezimaldarstellung, die für uns lesefreundlicher ist).

Bit	8	7	6	5	4	3	2	1	
Binärwert	0	1	0	1	1	0	1	1	
Wertigkeit	$2^7 = 128$	$2^6 = 64$	$2^5 = 32$	$2^4 = 16$	$2^3 = 8$	$2^2 = 4$	$2^1 = 2$	$2^0 = 1$	
Dezimalwert	0	64	0	16	8	0	2	1	$= 91$

Tabelle 1.1: Binäre Darstellung der Dezimalzahl 91. Details siehe Text.

Eine 8-Bit-Zahl, wie in unserem Beispiel, kann Werte zwischen 00000000 (0 im Dezimalsystem) und 11111111 (255 im Dezimalsystem) speichern. Für die Umrechnung vom Binär- in den Dezimalwert multiplizieren wir für jedes Bit den Binärwert mit der Wertigkeit des Bits (0 oder 1) und summieren diese auf. Ist die Zahl, die wir darstellen wollen, grösser als 255, muss ein grösserer Speicherbereich als 8 Bits bereitgestellt werden.

1.3.3 Darstellung von Zeichen im binären System

Für die Darstellung von Zeichen im Computer wurde der so genannte **ASCII-Code** entwickelt. ASCII steht für *American Standard Code for Information Interchange* (Amerikanische Standardcodierung für den Datenaustausch). Mit Hilfe des 7-Bit-ASCII-Codes können 128 verschiedene Zeichen (2^7) dargestellt werden oder umgekehrt wird jedem Zeichen ein Bitmuster aus 7 Bit zugeordnet (siehe Tabelle 1.2). Die Zeichen entsprechen weitgehend denen einer Computertastatur. Der ASCII-Code wurde später auf 8 Bit erweitert, was die Darstellung von 256 Zeichen (2^8) erlaubt.

Die ASCII-Tabelle enthält auch nicht darstellbare Zeichen (wie etwa ein Zeichen, das einen Zeilenumbruch repräsentiert). Die wichtigsten sind in Tabelle 1.3 dargestellt.

1.4 Variablen

Variablen können wir uns als Behälter oder Objekt zur Aufbewahrung und Verwaltung von Werten vorstellen. Wir beschriften das Objekt mit einem **Namen** und speichern darin einen konkreten **Wert**. Der Wert der Variablen kann sich während der Ausführung des Programms ändern (er kann *variieren*, daher der Name "Variable").

1.4.1 Variablen definieren

Benötigt man in Python eine Variable mit dem Bezeichner `meineZahl`, in der man den Wert 4 speichern will, erreicht man dies mit folgender Anweisung:

```
meineZahl = 4
```

Das Speichern von Werten geschieht mit dem **Zuweisungsoperator**. In Python wird hierfür ein **Gleichheitszeichen** (=) verwendet. Im Gegensatz zur Mathematik spielt es hier eine Rolle, was rechts und links des Gleichheitszeichens steht. Der Wert des Ausdrucks *rechts* des Gleichheitszeichens wird der Variablen auf der *linken* Seite zugewiesen. Wenn einer Variablen das erste Mal ein Wert zugewiesen wird, spricht man von ihrer **Initialisierung**.

0-31		31-63		64-95		96-127	
Dez	Zeichen	Dez	Zeichen	Dez	Zeichen	Dez	Zeichen
0	NUL	32	SP	64	@	96	‘
1	SOH	33	!	65	A	97	a
2	STX	34	“	66	B	98	b
3	ETX	35	#	67	C	99	c
4	EOT	36	$	68	D	100	d
5	ENQ	37	%	69	E	101	e
6	ACK	38	&	70	F	102	f
7	BEL	39	’	71	G	103	g
8	BS	40	(	72	H	104	h
9	HT	41	)	73	I	105	i
10	LF	42	*	74	J	106	j
11	VT	43	+	75	K	107	k
12	FF	44	,	76	L	108	l
13	CR	45	-	77	M	109	m
14	SO	46	.	78	N	110	n
15	SI	47	/	79	O	111	o
16	DLE	48	0	80	P	112	p
17	DC1	49	1	81	Q	113	q
18	DC2	50	2	82	R	114	r
19	DC3	51	3	83	S	115	s
20	DC4	52	4	84	T	116	t
21	NAK	53	5	85	U	117	u
22	SYN	54	6	86	V	118	v
23	ETB	55	7	87	W	119	w
24	CAN	56	8	88	X	120	x
25	EM	57	9	89	Y	121	y
26	SUB	58	:	90	Z	122	z
27	ESC	59	;	91	[	123	{
28	FS	60	<	92	\	124	|
29	GS	61	=	93	]	125	}
30	RS	62	>	94	^	126	~
31	US	63	?	95	_	127	DEL

Tabelle 1.2: ASCII-Tabelle.

Dez	Zeichen	Bedeutung
8	BS	Backspace. Linkes Zeichen löschen
10	NL	New Line. Neue Zeile beginnen
32	SP	Space. Leerzeichen
127	DEL	Delete. Rechtes Zeichen löschen

Tabelle 1.3: Nicht darstellbare Zeichen der ASCII-Tabelle.

Wie bereits erwähnt, kann sich der Wert einer Variablen während der Ausführung eines Programms ändern. In folgendem Beispiel wird in der Variablen `meineZahl` zuerst der Wert 4 gespeichert, der dann in einer weiteren Zeile mit dem Wert 6 überschrieben wird.

```
meineZahl = 4
# Wert von meineZahl ist 4.
meineZahl = 6
# Wert von meineZahl ist 6.
```

1.4.2 Datentyp von Variablen

Der **Datentyp** gibt an, von welchem Typ Daten in einer Variablen gespeichert werden können. Programmiersprachen besitzen vordefinierte Datentypen, die sich in der Art der Interpretation der gespeicherten Daten und in der Grösse unterscheiden. Die meisten Programmiersprachen unterscheiden folgende Datentypen.

- Typ für **Zahlenwerte** (Ganzzahlen und Kommazahlen)
- Typ für **Zeichenwerte**
- Typ für **Wahrheitswerte** (siehe Modul 2)

Tabelle 1.4 gibt einen Überblick über die wichtigsten Datentypen in Python.

1.4.3 Datentyp von Variablen in Python

In Python muss nicht (wie bei vielen anderen Programmiersprachen) zuerst der Datentyp einer Variablen bestimmt werden. Das heisst, Sie brauchen einer Variablen (wie oben beschrieben) bloss einen Namen zu geben. Der Typ der Variablen wird später **automatisch** aus dem Typ des Werts zur Laufzeit abgeleitet.

Typ	Beschreibung	Beispiele
boolean	Wahrheitswert	True oder False
int	Ganzzahl (Integer)	108, -455
float	Gleitkommazahl	8.988, -4.69
string	Zeichenkette	MMontag", "7.9"

Tabelle 1.4: Die wichtigsten Datentypen in Python.

Folgendes Beispiel zeigt eine Variable `a`, deren Datentyp als **Ganzzahl (Integer)**, eine Variable `b`, die als **Gleitkommazahl (Float)**, und eine Variable `c`, die als **Zeichenkette (String)** definiert werden:

```
a = 4
# a wird als Integer definiert.
b = 0.1
# b wird als Float definiert.
c = "Montag"
# c wird als String definiert.
```

Beim Definieren von **String-Variablen** steht der Wert zwischen einem Paar von **Anführungszeichen** (`"..."`), die nicht ausgegeben werden. Mehrere Strings können mit einem Plus-Zeichen (+) verkettet werden. Dieses Verbinden wird als **String-Konkatenierung** (engl. *concatenation*) bezeichnet. So entsteht beispielsweise aus mehreren Einzelteilen ein neuer Text, der in der Variablen `d` abgespeichert wird:

```
d = "Hallo, " + "das " + "sind " + "mehrere " + "Wörter."
```

Auch wenn bei Python der Datentyp automatisch bestimmt wird, ist es für gewisse Aufgaben dennoch nützlich, den Datentyp zu kennen. Die Funktion `type(x)` gibt den Datenyp einer Variablen `x` zurück. Beim obigen Beispiel werden mit der Anweisung

```
print(type(a), type(b), type(c))
```

die drei Datentypen `int`, `float` und `str` in der Konsole angezeigt.

Der Datentyp von Variablen kann sich während der Ausführung eines Programms ändern. In folgendem Beispiel hat die Variable a zunächst den Typ Ganzzahl (Integer), wechselt dann jedoch zum Typ Gleitkommazahl (Float):

```
a = 1
# a wird als Integer definiert.
a = a + 0.1
# a wird als Float definiert.
```

Der Datentyp kann auch *explizit* geändert werden. In folgendem Beispiel wird der Datentyp der Variablen a zunächst als Gleitkommazahl (Float) definiert. Danach wird der Typ zu Ganzzahl (Integer) geändert und in derselben Variablen gespeichert. Dadurch ändert sich auch der Datentyp der Variablen a.

```
a = 1.9
# a wird als Float definiert.
a = int(a)
# a wird als Integer definiert. Der Wert ist nun 1.
```

1.5 Formulieren von Anweisungen

Eine **Anweisung** (*statement*) ist eine Instruktion, die der Python-Interpreter ausführen kann. Bisher wurden zwei Arten von Anweisungen beschrieben: die print-Anweisung und die Variablen-Zuweisung. Möchte man beispielsweise eine Berechnung durchführen, können Variablen, Konstanten und Operatoren kombiniert eingesetzt werden. Eine solche Einheit nennt man **Ausdruck** (*expression*). Das Resultat eines Ausdrucks kann durch Zuweisung wiederum in eine Variable gespeichert werden.

1.5.1 Operatoren (Teil I)

Um in einem Programm Berechnungen durchführen zu können, stehen in Python diverse **arithmetische Operatoren** zur Verfügung, die in Tabelle 1.5 gezeigt sind.

Weitere Operatoren (logische und Vergleichsoperatoren) lernen Sie in Modul 2 kennen.

Operator	Ausdruck	Beschreibung	Liefert	Beispiel
+	a + b	Addition	Summe	5 + 2 = 7
-	a - b	Subtraktion	Differenz	5 - 2 = 3
*	a * b	Multiplikation	Produkt	5 * 2 = 10
/	a / b	Division	Quotient	5 / 2 = 2.5
//	a // b	Division	Quotient ohne Nachkommastellen	5 // 2 = 2
%	a % b	Modulo	Rest einer Division	5 % 2 = 1
**	a ** b	Potenz	Potenzwert	2 ** 3 = 8

Tabelle 1.5: Arithmetische Operatoren in Python.

1.5.2 Ausdrücke

Ausdrücke (*expressions*) sind in einer Programmiersprache Teil der kleinsten ausführbaren Einheiten eines Programms. Dabei handelt es sich um Verarbeitungsvorschriften, die sich aus **Variablen**, **Konstanten** und **Operatoren** zusammensetzen können und ein Resultat ergeben. Variablen und Konstanten, die mit einem Operator verknüpft werden, nennt man **Operanden**. Ein Ausdruck kann auch aus einer einzelnen Variablen bestehen.

Folgendes Beispiel zeigt einen Ausdruck, der aus einer Variablen `i`, einem Operator + und einer Konstanten `5` besteht. Somit sind `i` und `5` Operanden.

```
i + 5
```

Das Resultat des Ausdrucks kann wieder in einer Variablen gespeichert werden. In folgendem Beispiel nutzen wir hierzu die Variable `i`. Der vorherige Wert von `i` wird dadurch überschrieben.

```
i = i + 5
```

Da die Erhöhung oder Verringerung einer Variable um den Wert 1 sehr oft vorkommmt, gibt es hierfür in Python folgende Kurzformen:

```
i += 1  # erhöht den Wert von i um 1.
i -= 1  # verringert den Wert von i um 1.
```

Die Reihenfolge, in der Ausdrücke bearbeitet werden, kann durch die Wahl des Operators und durch Klammern beeinflusst werden. Hierfür gelten die mathematischen Regeln, wie wir sie in der Schule gelernt haben, also „Klammern zuerst, dann Punkt vor Strich".

Beispiel:

```
5 * (2 + 10)
```

Die Klammern erzwingen, dass die Addition vor der Multiplikation ausgeführt wird.

1.6 Ein- und Ausgabe von Daten

Oft möchte man, dass die Benutzerin oder der Benutzer des Programms mit diesem interagieren kann. Dazu hat fast jede Programmiersprache spezielle **Ein-/Ausgabe-Funktionen**. Das bedeutet, dass die Benutzerin oder der Benutzer etwas eingeben kann (zum Beispiel über die Tastatur) oder dass das Programm eine Ausgabe macht (zum Beispiel das Resultat einer Berechnung oder einen Text).

1.6.1 Ausgabe in der Python-Konsole

Mit folgender Funktion, die wir schon weiter oben verwendet haben, kann der Text `"Das Programm endet hier."` in der Konsole ausgegeben werden:

```
print("Das Programm endet hier.")
```

Man möchte aber nicht immer nur vorgegebenen Text, sondern z.B. das Resultat einer Berechnung ausgeben, das in einer Variablen (z.B. `meinResultat`) gespeichert ist.

Folgende Funktion gibt den Wert der Variablen `meinResultat` in der Konsole aus:

```
print(meinResultat)
```

Innerhalb der `print`-Anweisung können Variablenwerte und Text mit einem **Komma** (`,`) verknüpft werden, die nach der Ausführung verbunden ausgegeben werden. Bei folgendem Beispiel wird der Wert der Variablen `meinResultat` zusammen mit Text an die Funktion `print` übergeben:

```
print("Es wurde", meinResultat, "berechnet.")
```

Eine mögliche Konsolen-Ausgabe dieser `print`-Anweisung wäre:

```
Es wurde 78 berechnet.
```

Das Steuerzeichen `\n` fügt in einem Text einen **Zeilenumbruch** ein. Folgendes Beispiel

```
print("Meine\nAusgabe")
```

führt zu folgender Konsolen-Ausgabe über zwei Zeilen:

```
Meine
Ausgabe
```

Die print-Anweisung von Python fügt am Ende standardmässig einen Zeilenumbruch ein. Möchte man diesen Zeilenumbruch verhindern, kann das Argument `end` benutzt werden und auf ein leeres Zeichen (`""`) gesetzt werden. Dadurch wird der Zeilenumbruch unterdrückt. Folgendes Beispiel

```
print("Meine", end="")
print("Ausgabe")
```

setzt die Texte der beiden `print`-Anweisungen in *eine* Zeile:

```
MeineAusgabe
```

1.6.2 Eingabe über die Tastatur

Es gibt kaum Programme ohne **Eingabe**. Diese kann über viele Wege erfolgen (Datenbank, Internet etc.). Eine häufige Form der Eingabe ist über die Tastatur der Benutzerin oder des Benutzers.

In Python kann mit der Funktion `input()` eine **Benutzereingabe über die Tastatur** getätigt werden. Bei folgender Anweisung wird der Programmablauf solange gestoppt, wie die Benutzerin oder der Benutzer über die Tastatur eine Eingabe macht, welche mit der **Return-Taste** beendet wird.

```
a = input("Wie heissen Sie?\n")
```

Damit der User auch weiss, was er oder sie einzugeben hat, wird zuerst der String, der sich in der Klammer befindet, ausgegeben, gefolgt von einem Zeilenumbruch.

Die Funktion `input()` liefert immer eine Zeichenkette (String), welche in einer Variablen gespeichert werden kann. Will man für die Tastatureingabe einen anderen Datentyp, muss er explizit geändert werden.

```
b = int(input("Wie viel möchten Sie?\n"))
# Datentyp von b soll Integer sein.
c = float(input("Was kostet das Stück?\n"))
# Datentyp von c soll Float sein.
```

Selbstständiger Teil

1.7 Überblick

Der selbstständige Teil dieses Moduls besteht aus zwei Teilen:

- Teil A: Geldautomat
- Teil B: Verschlüsselungsprogramm

1.8 Teil A: Geldautomat

1.8.1 Einführung

Bei dieser Aufgabe formulieren Sie verschiedene Berechnungsanweisungen abhängig von einer Benutzereingabe. Dabei kommen zwei verschiedene Divisions-Operatoren zum Einsatz.

1.8.2 Aufgabenstellung

In dieser Aufgabe sollen Sie einen Geldautomaten simulieren. Die Kundin oder der Kunde soll eingeben können, wie viel Geld er oder sie abheben möchte. Der Geldautomat soll dann berechnen, wie viele und welche Banknoten (100er, 50er, 20er und 10er) er ausgeben soll. Die Anzahl der verwendeten Variablen soll möglichst klein gehalten werden, indem sie wiederverwendet werden.

So könnte beispielsweise die Ausgabe für den Betrag 571 aussehen:

```
WILLKOMMEN BEI DER BANK IHRES VERTRAUENS
****************************************
Wie viel möchten Sie abheben? 571
Eingegebener Geldbetrag: 571 Fr.
Bitte warten...
Sie haben erhalten:
100er 5
50er 1
20er 1
10er 0
Rest: 1
```

1.8.3 Zwischenschritte

- Erstellen Sie eine **Benutzereingabe** für einen beliebigen Geldbetrag und speichern Sie den Wert in einer Variablen.

> **Hinweis**: Beachten Sie den Datentyp und die Namenskonventionen für Variablen (beschreibend, keine Leerzeichen, mit Buchstaben beginnend etc.).

- Geben Sie den eingegebenen Gelbetrag in der Konsole aus.
- Berechnen Sie, wie viele **100er-Noten** herausgegeben werden sollen und geben Sie den Wert auf dem Bildschirm aus.

> **Hinweis**: Beachten Sie den Divisions-Operator.

- Berechnen Sie den Restwert.

> **Hinweis**: Beachten Sie den Divisions-Operator.

- Berechnen Sie analog zu den 100er-Noten die **Anzahl aller anderen Banknoten** (50er, 20er und 10er-Noten) und geben Sie die Resultate am Bildschirm aus.

> **Tipp:** Kopieren Sie den Anweisungsblock für die 100er-Noten und ändern Sie ihn für die anderen Noten ab.

1.8.4 Erweiterungen

Hinweis: Für diese Erweiterungen benötigen Sie **Bedingungsprüfungen**, die erst im nächsten Modul ausführlich behandelt werden.

Bedingte Programmausführung

Syntax: Die Anweisungen werden nur ausgeführt, wenn die Bedingung zutrifft:

```
if Bedingung:
        Anweisungen
```

Beachten Sie die korrekte Einrückung (z.B. mit der Tab-Taste).

- Überprüfen Sie nach der Eingabe des Geldbetrags, ob abgerundet werden muss und informieren Sie den Kunden über den tatsächlich ausbezahlten Betrag.
- Lassen Sie nur die Banknotenarten anzeigen, die ausgegeben werden.
- Nehmen Sie an, dass nur ein bestimmter Maximalbetrag abgehoben werden kann. Prüfen Sie deshalb, ob die gewünschte Summe des Kunden dieses Limit überschreitet und informieren Sie ihn darüber, wenn dies der Fall sein sollte.
- Es kann sein, dass der Kunde gerne etwas kleinere Noten haben möchte. Fragen Sie ihn deshalb danach (z.B. mit 0=nein, 1=ja), ob er gemischte Noten wünscht. Überlegen Sie sich zuerst, wie Sie die Noten zusammenstellen wollen. Ändern Sie danach das Programm entsprechend.

1.9 Teil B: Verschlüsselung

Bei dieser Aufgabe werden Sie zwei Programme schreiben, um den Umgang mit Variablen und Datentypen zu üben:

- Programm zum **Verschlüsseln** eines Zeichens mit einem Chiffrierschlüssel
- Programm zum **Entschlüsseln** eines Zeichens mit einem Chiffrierschlüssel

1.9.1 Einführung

Verschlüsselung nennt man den Vorgang, bei dem ein **Klartext** mit Hilfe eines **Verschlüsselungsverfahrens** in einen Geheimtext (d.h. eine „unleserliche", schwer zu interpretierende Zeichenfolge) umgewandelt wird (siehe Abbildung 1.1). Die Wissenschaft der Geheimtexte wird **Kryptologie** genannt.

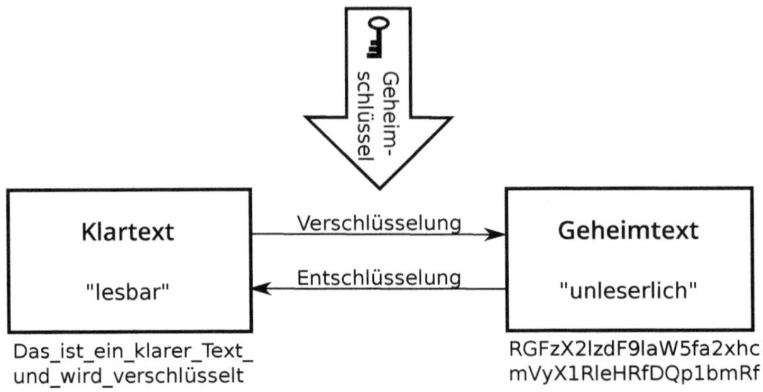

Abbildung 1.1: Durch Verschlüsselung wird mit Hilfe eines Schlüssels aus einem Klartext ein Geheimtext erzeugt.

Caesar-Verschlüsselung

Bei einer *Caesar-Verschlüsselung*, eine der einfachsten aber auch unsichersten Verschlüsselungsverfahren, wird jeder Buchstabe des Klartexts auf einen Geheimbuchstaben abgebildet. Dabei werden die Zeichen des Alphabetes um eine bestimmte Anzahl verschoben. Die Anzahl der verschobenen Zeichen bildet den Schlüssel, der für die gesamte Verschlüsselung unverändert bleibt.

1.9.2 Aufgabenstellung

Unser Chiffrierprogramm soll auf der Tatsache beruhen, dass jedem Buchstaben gemäss der ASCII-Tabelle (siehe Theorieteil) eine Zahl zugeordnet ist. Wird nun zur Verschlüsselung diese Ordnungszahl um einen bestimmten Wert vergrössert oder verkleinert, verschiebt man sie in der ASCII-Tabelle um den jeweiligen Wert. Diese Verschlüsselungsart funktioniert ähnlich wie die *Caesar-Verschlüsselung.*

Unser Verschlüsselungsprogramm soll aus folgenden **drei Teilen** bestehen:

1. Eingabe des zu verschlüsselnden Zeichens und des Schlüssels: Hier sollen das zu **verschlüsselnde Zeichen** sowie der **Schlüssel** über die Konsole frei eingegeben werden können.

Beispiel:

```
Zeichen? A
Schluessel? 5
```

2. Verschlüsselung: Hier soll die **Verschlüsselung** stattfinden, indem das eingegebene Zeichen um den eingegebenen Schlüsselwert in der ASCII-Tabelle verschoben wird.

Beispiel:

- *An welcher Stelle der ASCII-Tabelle befindet sich das eingegebene Zeichen?* Bei der Eingabe von `A` wäre das Resultat beispielsweise `65`.
- Der eingegebene Schlüssel (z.B. 5) wird vom Resultat des ersten Schritts (hier also 65) subtrahiert: `65-5=60`.
- *Welches Zeichen befindet sich in der ASCII-Tabelle an der neuen Stelle?* An der 60. Stelle befindet sich folgendes Zeichen: <.

3. Ausgabe des verschlüsselten Zeichens: Hier soll das verschlüsselte Zeichen in der Konsole ausgegeben werden.

Beispiel:

```
A wird zu <
```

1.9.3 Zwischenschritte

- Erstellen Sie eine **Benutzereingabe** für das **zu verschlüsselnde Zeichen** und den **Schlüssel**.

> **Hinweis**: Beachten Sie den Datentyp. In Python ist ein Zeichen ein String der Länge eins.

- Führen Sie die **Verschlüsselung** durch. Diese geschieht in drei Schritten:

1. Bestimmen Sie die Ordnungszahl des eingegebenen Zeichens in der ASCII-Tabelle und speichern Sie das Resultat in einer weiteren Variablen.

Ordnungszahl eines Zeichens in der ASCII-Tabelle bestimmen

So können Sie in Python ein Zeichen in die Ordnungszahl in der ASCII-Tabelle übersetzen:

```
ord(zeichen)
```

Der Datentyp des Resultats ist Integer.

2. "Verschieben" Sie die Ordnungszahl aus Schritt 1 um den eingegebenen Schlüssel (z.B. mit einer Subtraktion) und speichern Sie das Resultat in einer neuen Variablen.
3. Bestimmen Sie aus dem Resultat des 2. Schritts das entsprechende Zeichen in der ASCII-Tabelle.

Zeichen aus der Ordnungszahl in der ASCII-Tabelle bestimmen

So können Sie in Python eine Ordnungszahl in der ASCII-Tabelle in ein Zeichen übersetzen:

```
chr(variable)
```

Der Datentyp des Resultats ist String.

- Schreiben Sie eine **Bildschirmausgabe** unter Angabe der Eingabewerte.
- Testen Sie Ihr Programm, indem Sie folgendes Wort entschlüsseln:
  - **Wort:** <XVVN[
  - **Schlüssel:** 23

Hinweis: Ihr Programm muss dazu sechs Mal ausgeführt werden.

1.9.4 Erweiterungen

Hinweis: Die Erweiterungen müssen nicht zwingend ausprogrammiert werden. Beachten Sie, dass Sie für die Umsetzung dieser Erweiterungen Konzepte aus den Modulen 2 und 3 benötigen.

Einzelne Zeichen eines Strings

Bei einer String-Variablen mit dem Namen `zeichen` ist `zeichen[i]` das i-te Zeichen, wobei `zeichen[0]` das erste und `zeichen[1]` das zweite Zeichen ist.

for-Schleife

Syntax: Die Anweisung print(i) wird drei Mal mit den i-Werten 0, 1 und 2 ausgeführt:

```
for i in range(0,3):
  print(i)
```

Beachten Sie die korrekte Einrückung (z.B. mit der Tab-Taste).

- Mit welchen Strategien könnte die Sicherheit unserer Verschlüsselung erhöht werden?
- Wie können Sie bei der Verschlüsselung eine zyklische Chiffrierscheibe abbilden? Das heisst, dass nur Grossbuchstaben eingegeben werden können und man beim Verschieben über Z hinaus wieder bei A beginnt.
- Ändern Sie Ihr Chiffrierprogramm so ab, dass Sie ganze Wörter und Texte verschlüsseln können.

1.10 Bedingungen für die Präsentation

Führen Sie einer Assistenzperson Ihre beiden Programme (Geldautomat und Verschlüsselung) am Bildschirm oder in ausgedruckter Form vor.

Überlegen Sie sich, wie Sie einem Laien folgende Fragen erklären würden:

- Wie werden in einem Python-Programm Variablen verwendet?
- Weshalb werden verschiedene Datentypen unterschieden?
- Wie funktioniert Ihre Verschlüsselung? Wie schätzen Sie die Sicherheit dieser Verschlüsselungsart ein?
- Was ist der Unterschied zwischen Syntax- und Semantik-Fehlern? Wie treten sie in Erscheinung?

Die Begriffe dieses Moduls sollten Sie mit einfachen Worten erklären können.

E.Tutorial
www.et.ethz.ch

Programmieren mit Python Modul 2

Kontrollstrukturen und Logik

Theorieteil

Autoren:
Lukas Fässler, Markus Dahinden, Dennis Komm, David Sichau

Begriffe

Anweisungsblock	Verzweigung
Anweisungskopf	for-Schleife
Anweisungskörper	while-Schleife
logische Operatoren	geschachtelte Schleife
Wahrheitswert	toter Code
relationale Operatoren	Ausnahmebehandlung

Theorieteil

2.1 Modulübersicht

Ein Programm besteht in der Regel aus mehreren Anweisungen, die in einer von der Programmiererin oder dem Programmierer festgelegten Reihenfolge abgearbeitet werden. Diese Abfolge verläuft selten linear. Oft kommt es vor, dass sich eine Programmsequenz (Folge von Anweisungen) in zwei oder mehrere Programmsequenzen verzweigt, wobei jede einzelne Sequenz nur unter bestimmten Bedingungen ausgeführt wird (**Verzweigung**). Um ein Programm zu vereinfachen, werden oft bestimmte Anweisungen wiederholt ausgeführt (**Schleifen**). Mit Hilfe von **Kontrollstrukturen**, die in den meisten Programmiersprachen vorkommen, kann der Programmablauf beeinflusst werden. Die Entscheidung, wie der Ablauf gesteuert wird, muss in **Bedingungen** formuliert werden.

2.1.1 Anweisungen und Blöcke in Python

Wie bereits im ersten Modul erwähnt, stehen in Python in der Regel einzelne Anweisungen in je einer Zeile. Mehrere Anweisungen können in einem **Anweisungsblock** zusammengefasst werden.

Viele Programmiersprachen verwenden zur Markierung von Anweisungsblöcken bestimmte Schlüsselwörter (z.B. `begin... end`) oder Klammern `{...}`. In Python werden zur Strukturierung von Programmen die Anweisungen mit der **Tabulator-Taste** oder durch **Leerzeichen eingerückt**.

Die Ausführung von Blöcken kann durch Kontrollstrukturen (z.B. Verzweigungen oder Schleifen) gesteuert werden. Diese Kontrollstrukturen bestehen aus einem **Kopf** (*head*) und einem **Körper** (*body*). Der Anweisungskopf wird mit einem **Doppelpunkt** (`:`) am Ende der Zeile markiert:

```
Anweisungskopf:
    # Beginn Anweisungskörper
    Anweisung 1
    Anweisung 2
    # Ende Anweisungskörper
```

Bei folgendem Programm wird der Anweisungsblock 1 durch einen Anweisungsblock 2 unterbrochen:

```
# Beginn Anweisungsblock 1
Anweisungskopf 1:
  Anweisung

  # Beginn Anweisungsblock 2
  Anweisungskopf 2:
    Anweisung
  # Ende Anweisungsblock 2

  # Fortsetzung des Anweisungsblocks 1
  Anweisung

# Ende Anweisungsblock 1
```

2.2 Operatoren (Teil II)

Die **arithmetischen Operatoren** sind bereits in Modul 1 beschrieben worden. Im Zusammenhang mit Kontrollstrukturen kommen **logische und relationale Operatoren** zum Einsatz.

2.2.1 Relationale Operatoren

Relationale Operatoren werden gebraucht, um Werte (Operanden) miteinander zu vergleichen. Sie liefern ein logisches Ergebnis **wahr** (engl. *true*) oder **falsch** (engl. *false*). Werte, die mit relationalen Operatoren verknüpft sind, nennt man in der Aussagenlogik auch **Elementaraussagen**.

Die relationalen Operatoren in Python sind in Tabelle 2.1 zusammengefasst.

2.2.2 Logische Operatoren

Mit **logischen Operatoren** können Elementaraussagen miteinander verknüpft werden. Dabei werden **Wahrheitswerte** miteinander verglichen. Das Ergebnis ist ebenfalls ein **Wahrheitswert**, also **wahr** (*true*) oder **falsch** (*false*). Da dies die Operanden der Booleschen Aussagenlogik sind, heisst deren Datentyp **Boolean**.

Die in Python verwendeten logischen Operatoren sind in Tabelle 2.2 dargestellt.

Operator	Ausdruck	Beschreibung	Liefert wahr (True), wenn...
>	a > b	grösser als	a grösser ist als b.
<	a < b	kleiner als	a kleiner ist als b.
==	a == b	gleich	a und b denselben Wert haben.
!=	a != b	ungleich	a und b ungleiche Werte haben.
>=	a >= b	grösser oder gleich	a grösser oder gleich b ist.
<=	a <= b	kleiner oder gleich	a kleiner oder gleich b ist.

Tabelle 2.1: Relationale Operatoren in Python.

Operator	Ausdruck	Liefert wahr (True), wenn...
not	not a	a falsch ist (NOT).
and	a and b	sowohl a als auch b wahr sind (AND).
or	a or b	mindestens a oder b wahr sind (OR).

Tabelle 2.2: Logische Operatoren in Python.

2.3 Verzweigungen

Verzweigungen überprüfen einen Zustand des Programms. Je nachdem, ob eine bestimmte Bedingung erfüllt ist oder nicht, fährt das Programm mit unterschiedlichen Blöcken von Anweisungen fort. Verzweigungen werden in Python, so wie in vielen anderen Programmiersprachen auch, mit dem Schlüsselwort `if` eingeleitet. Die Bedeutung des `if` ist analog zur englischen Sprache.

If it is raining, then I will take the bus, otherwise I will walk.

Dies könnte in Python wie folgt geschrieben werden:

```
if rain == True:
    bus
else:
    walk
```

Falls die Bedingung `rain` wahr (`True`) ist, wird der Block mit der Anweisung `bus` ausgeführt, andernfalls wird der Block mit der Anweisung `walk` ausgeführt.

Mit einer if-Anweisung kann zur Laufzeit entschieden werden, ob eine Anweisung oder ein Anweisungsblock ausgeführt werden soll oder nicht. Um Bedingungen zu formulieren, können sowohl Boolesche Variablen, Relationen wie Gleichheit, grösser oder kleiner als auch logische Operatoren verwendet werden.

Je nachdem wie viele Fälle zu unterscheiden sind, ist eine **einseitige**, **zweiseitige** oder **mehrstufige Verzweigung** zu wählen.

2.3.1 Einseitige Verzweigung: Bedingte Programmausführung

Eine **einseitige Verzweigung** besteht aus einer Bedingungsabfrage und einem Anweisungsblock, welcher ausgeführt wird oder nicht.

Schreibweise:

```
if Bedingung:
    Anweisungsblock
```

Beispiel:

```
if rain == True:
    print("Es regnet.")
```

Der Satz `"Es regnet."` wird nur ausgegeben, wenn die Variable `rain` den Wert `True` hat.

2.3.2 Zweiseitige Verzweigung

Bei einer **zweiseitigen Verzweigung** kann zusätzlich angegeben werden, was im anderen Fall (`else`), wenn die Bedingung nicht zutrifft, ausgeführt werden soll. Das `else` wird auf dieselbe Ebene gesetzt wie das `if`.

Schreibweise:

```
if Bedingung:
    Anweisungsblock1
else:
    Anweisungsblock2
```

Beispiel:

```
if rain == True:
    print("Es regnet.")
else:
    print("Es regnet nicht.")
```

Hat die Variable `rain` den Wert `True`, wird der Satz `"Es regnet."` ausgegeben, im anderen Fall (`False`) wird der Satz `"Es regnet nicht."` ausgegeben.

Ein `if...else...` mit leerem `else`-Block ist dasselbe wie ein `if...` (siehe einseitige Verzweigung).

2.3.3 Mehrstufige Verzweigungen

Mit einer **mehrstufigen Verzweigung** können mehrere Vergleiche gemacht werden. Das kann nötig sein, wenn Sie unterschiedliche Möglichkeiten in einer bestimmten Reihenfolge prüfen möchten. In Python wird `else if` als `elif` abgekürzt.

Schreibweise:

```
if Bedingung1:
    Anweisungsblock1

elif Bedingung2:
    Anweisungsblock2

elif Bedingung3:
    Anweisungsblock3

else:
    Anweisungsblock4
```

Beispiel:

```
if rain == True:
    print("Es regnet.")

elif snow == True:
    print("Es regnet nicht, aber es schneit.")

elif sun == True:
    print("Es scheint die Sonne.")

else:
    print("Die Wetterlage ist unklar.")
```

Hat die Variable `rain` den Wert `True`, wird wieder der Satz `"Es regnet."` ausgegeben. Hat sie hingegen den Wert `False`, wird als nächstes die Variable `snow` geprüft. Hat `snow` den Wert `True`, wird der Satz `"Es regnet nicht, aber es schneit."` ausgegeben. Hat `snow` den Wert `False`, wird als nächstes die Variable `sun` geprüft. Hat `sun` den Wert `True`, wird der Satz `"Es scheint die Sonne."` ausgegeben. Hat `sun` auch den Wert `False`, wird der Satz `"Die Wetterlage ist unklar."` ausgegeben.

2.3.4 Verschachtelte Verzweigungen

Verzweigungen können beliebig **ineinander verschachtelt** werden.

Beispiel: Folgendes Beispiel mit verschachteltem `if-else` ergibt dasselbe Resultat wie das letzte Beispiel mit `if-elif-else`:

```
if rain == True:
    print("Es regnet.")
else:
    if snow == True:
        print("Es regnet nicht, aber es schneit.")
    else:
        if sun == True:
            print("Es scheint die Sonne.")
        else:
            print("Die Wetterlage ist unklar.")
```

2.4 Schleifen (Loops)

Mit Hilfe von **Schleifen** (engl. *loops*) können dieselben Anweisungen wiederholt ausgeführt werden. Wie in anderen Programmiersprachen gibt es auch in Python verschiedene Schleifenarten. Eine Schleife besteht aus einem Schleifenkopf und einem Schleifenkörper. Der Schleifenkörper enthält den zu wiederholenden Anweisungsblock. Der Schleifenkopf steuert die Schleife. Er gibt an, wie oft oder unter welchen Bedingungen die Anweisungen des Schleifenkörpers wiederholt werden sollen.

2.4.1 for-Schleifen

Bei der zählergesteuerten **for-Schleife** wird im Schleifenkopf eine **Laufvariable** in einem **Bereich** (*range*) von einem **Startwert** bis zu einem **Endwert** durchgezählt.

Schreibweise:

```
for laufvariable in range(Anfangswert, Endwert):
    Anweisung
```

Beispiel: Folgende Anweisung gibt die Werte 0 bis 4 am Bildschirm aus:

```
for i in range(0, 5):
    print(i)
```

Zunächst wird die Laufvariable `i` auf den Anfangswert 0 gesetzt, der Schleifenkörper durchlaufen und i um `1` erhöht. Dann wird der Schleifenkörper erneut durchlaufen und `i` wieder um 1 erhöht. Die Laufvariable `i` durchläuft so den Bereich (*range*) von 0 (einschliesslich) bis 5 (ausschliesslich).

Da der Anfangswert häufig auf 0 gesetzt wird, kann er in der Anweisung auch weggelassen werden. Folgende Schreibweise ergibt somit dieselbe Bildschirmausgabe:

```
for i in range(5):
    print(i)
```

Optional kann range noch um eine **Schrittgrösse** ergänzt werden. Folgendes Programm gibt die Werte 2, 4, 6, 8 am Bildschirm aus:

```
for i in range(2, 10, 2):
    print(i)
```

2.4.2 while-Schleifen

Es ist nicht immer vorhersehbar, wie oft Anweisungen wiederholt werden müssen, da die Anzahl der Wiederholungen von dem abhängen kann, was im Schleifenkörper passiert. Hier geraten wir bei zählergesteuerten Schleifen an eine Grenze. Bei **bedingungsabhängigen Schleifen** wird die Anzahl der Wiederholungen nicht von einem Zähler, sondern von einer **Bedingung** abhängig gemacht.

Bei der **while-Schleife** wird im Schleifenkopf eine **Bedingung** geprüft. Ist die Bedingung wahr (`True`), wird der Schleifenkörper ausgeführt. Ist die Bedingung falsch (`False`), wird die Schleife abgebrochen und die Anweisungen des Schleifenkörpers werden nicht mehr ausgeführt. Hierbei ist wichtig, dass die Bedingung nach jeder Ausführung des Schleifenkörpers erneut überprüft wird. Innerhalb des Schleifenkörpers müssen sich Werte so verändern, dass die Bedingung nicht mehr erfüllt ist (**Aktualisierung**). Sonst droht eine Endlosschleife und man wartet ewig auf sein Resultat.

Schreibweise:

```
Initialisierung der Variablen
while Bedingung:
    Anweisungsblock
    Aktualisierung
```

Beispiel: Folgende Anweisung gibt die Werte 1 bis 4 am Bildschirm aus:

```
i = 1
while i < 5:
    print(i)
    i += 1
```

Zunächst wird eine Variable `i` initialisiert und auf 1 gesetzt. Zu Beginn der Schleife wird geprüft, ob `i` kleiner ist als 5. Ist dies der Fall (`True`), wird der Schleifenkörper ausgeführt. Ist dies nicht der Fall (`False`), wird die Schleife abgebrochen. Die Variable `i` wird innerhalb des Schleifenkörpers jedes Mal um 1 erhöht.

2.4.3 Verschachtelte Schleifen

Beim Programmieren kommt es oft vor, dass **zwei Schleifen ineinander verschachtelt** werden (*nested loops*). Das hat zur Folge, dass eine äussere Schleife eine innere steuert.

Dies kann wie folgt dargestellt werden:

```
Aeussere Schleife:
        Innere Schleife:
                Anweisungsblock
```

Beispiel: Ein Programm zur Anzeige von Tagen und Stunden eines Jahres (das kein Schaltjahr ist) könnte in Python mit folgender geschachtelter Schleife geschrieben werden:

```python
for tage in range(1,366):
    for stunde in range(0,24):
        print(tage, stunde)
```

Die äussere Schleife pausiert jeweils so lange, bis die innere Schleife ihre Arbeit verrichtet hat. Danach wird die Laufvariable der äusseren Schleife um 1 erhöht und die innere Schleife beginnt wieder von vorne. Die Anzahl der Durchläufe der Anweisungen der inneren Schleife entspricht somit der Anzahl der Durchläufe der äusseren Schleife multipliziert mit der Anzahl der Durchläufe der inneren Schleife.

Die ersten drei Ausgaben des Programms lauten:

```
1 0
1 1
1 2
...
```

Die letzten drei Ausgaben lauten:

```
...
365 21
365 22
365 23
```

2.4.4 Schleifenablauf beeinflussen

Es gibt Situationen, da möchten Sie eine Schleife beenden, bevor die Bedingung zum Abbruch der Schleife eintritt. Vielleicht möchten Sie vor dem Fortfahren einen Teil der Schleife überspringen oder Sie möchten eine Prüfung komplett ignorieren. Mit `break`, `continue` und `pass` kann der Ablauf einer Schleife beeinflusst werden.

break-Anweisung

Die `break`-Anweisung beendet die aktuelle Schleife vorzeitig und geht direkt in die Zeile nach der Schleife.

Beispiel:

```
for a in range(0,4):
    if a == 2:
        break
    print(a)

# Ausgabe:
# 0
# 1
```

continue-Anweisung

Mit der `continue`-Anweisung wird nur die aktuelle Iteration ausgesetzt, die Schleife wird nicht abgebrochen, sondern mit der nächsten Iteration fortgesetzt.

Beispiel:

```
for a in range(0,4):
    if a == 2:
        continue
    print(a)

# Ausgabe:
# 0
# 1
# 3
```

pass-Anweisung

Mit der `pass`-Anweisung wird dem Programm mitgeteilt, dass es eine Bedingung ignorieren und die Schleife weiter ausführen soll. Dies ist beispielsweise dann sinnvoll, wenn Sie einen Programmteil noch nicht geschrieben haben, aber das Programm trotzdem testen wollen.

Beispiel:

```
for a in range(0,4):
    if a == 2:
        pass
    print(a)

# Ausgabe:
# 0
# 1
# 2
# 3
```

2.5 Redundanter und toter Code

Als **toter Code** (*dead code*) werden Codezeilen bezeichnet, welche durch keinen möglichen Kontrollfluss erreicht werden können, da sie zum Beispiel nicht mehr gebraucht werden. Toter Code sollte vermieden werden, da es den Speicher unnötig belastet und Zeit und Mühe kostet, das Programm zu testen und zu warten. Auch **redundanter Code**, der im weiteren Verlauf des Programms überflüssig ist, sollte aus demselben Grund vermieden werden.

Beispiel: Folgendes Programm enthält redundaten und toten Code:

```
x = int(input("Eingabe"))
y = 10 * x          # y wird nicht mehr verwendet.
                    # Redundanter Code.
z = x * x
if z >= 0:
    print(x * x)
else:
    x += 1          # Zeile wird nie erreicht.
                    # Toter Code.
```

2.6 Ausnahmebehandlung

Sobald bei einem Python-Programm ein Fehler auftritt, wird es beendet. In Python kann ein Fehler ein **Syntaxfehler** (*syntax error*) oder ein **Ausnahmefehler** (*exception error*) sein. Ein Syntaxfehler passiert,wenn gegen die Regeln der Sprache verstossen wird.

Beispiel:

```
for i in range(1,4))

# Fehlermeldung:
# SyntaxError: invalid syntax
```

Ein Ausnahmefehler tritt auf, wenn ein syntaktisch korrekter Code trotzdem zu einer Fehlermeldung führt.

Beispiel:

```
x = int(input("Gib eine Ganzzahl ein: "))
# Eingabe: 0.5

# Fehlermeldung:
# ValueError: invalid literal for int()
```

Der `try` and `except` Block in Python wird verwendet, um **Ausnahmen abzufangen** und **zu behandeln**. Python führt Code nach dem Try-Block als "normalen" Teil des Programms aus. Der Code im except-Block ist die Antwort des Programms auf alle Ausnahmen.

Beispiel:

```
try:
  x = int(input("Gib eine Ganzzahl ein:\n"))
except ValueError:
  print("Fehleingabe! Das ist keine Ganzzahl")
  x = 0
print("Wert von x:", x)

# Gib eine Ganzzahl ein: 0.5
# Fehleingabe! Das ist keine Ganzzahl
# Wert von x: 0
```

Selbstständiger Teil

2.7 Überblick

Der selbstständige Teil dieses Moduls besteht aus drei Teilen:

- Teil A: Zahlen raten
- Teil B: Notenprogramm
- Teil C: Pokern

2.8 Teil A: Zahlen raten

2.8.1 Einführung

Bei dieser Aufgabe ist ein Spiel umzusetzen, bei dem sich eine Person eine Zahl ausdenkt und die andere Person diese Zahl erraten muss.

2.8.2 Programmanforderungen

Eine Person soll wiederholt raten, bis sie oder er eine festgelegte Zahl erraten hat. Bei jedem Rate-Versuch soll angegeben werden, ob die gesuchte Zahl grösser oder kleiner ist als die eingegebene Zahl. Zählen Sie dabei auch die Anzahl der Versuche mit und geben Sie diese am Ende des Spiels bekannt.

So könnte Ihre Ausgabe aussehen (zu erratende Zahl: 58):

```
Geben Sie eine Ganzzahl zwischen 1 und 100 ein! 4
zu klein
Geben Sie eine Ganzzahl zwischen 1 und 100 ein! 94
zu gross
Geben Sie eine Ganzzahl zwischen 1 und 100 ein! 58
erraten!
3 Mal geraten
```

2.8.3 Zwischenschritte

- Legen Sie eine Zahl fest, die erraten werden soll, oder lassen Sie die Zahl von einer Person über die Konsole eingeben.
- Setzen Sie eine Boolean-Variable auf den Wert `False`.
- Schreiben Sie den Schleifenkopf, welcher als Bedingung die Boolean-Variable enthält.
- Schreiben Sie den Code für die Eingabe einer Zahl.
- Prüfen Sie die eingegebene Zahl und teilen Sie dem Spielenden mit, ob sie zu klein oder zu gross ist.
- Schreiben Sie die Anweisungen, die ausgeführt werden sollen, falls die Zahl erraten wurde.

2.8.4 Erweiterungen

- Führen Sie für die Eingabe der Zahl eine Ausnahmebehandlung ein.
- Wenn die eingegebene Zahl grösser als 100 oder kleiner als 0 ist, dann soll sie nicht verglichen werden. Stattdessen soll eine Fehlermeldung ausgegeben werden, dass diese Zahl nicht im Suchbereich liegt.
- Lassen Sie mit `random` den Computer zufällig eine Zahl festlegen.

Zufallszahlen

Mit folgendem Code generieren Sie zufällig eine Zahl zwischen 1 und 100:

```
import random
meineZufallszahl = random.randint(1,100)
```

- Wie könnte das Programm zum Erraten von Buchstaben abgeändert werden?
- Wie können Sie auch das Raten automatisieren?
- Überlegen Sie sich, welche die schnellste Ratestrategie ist. Begründen Sie Ihre Antwort.

2.9 Teil B: Notenprogramm

2.9.1 Einführung

Bei dieser Aufgabe schreiben Sie ein Programm, bei dem der User beliebig viele Schulnoten eingeben kann. Die Noteneingabe endet, sobald ein bestimmter Wert (z.B. 0) eingegeben wird. Anschliessend wird der Durchschnitt der eingegebenen Noten berechnet und angezeigt.

2.9.2 Programmanforderungen

Angenommen Sie möchten den Durchschnitt aus den beiden Noten 5 und 4 berechnen lassen. Hierfür müssen die beiden Notenwerte eingegeben werden. Durch die 3. Eingabe 0 wird der Eingabeteil abgeschlossen und der Durchschnitt (4.5) ausgerechnet.

So könnte Ihre Ausgabe aussehen:

```
Erste Note: 5
Zur Berechnung des Durchschnitts geben Sie 0 ein!
Weitere Note: 4
Zur Berechnung des Durchschnitts geben Sie 0 ein!
Weitere Note: 0
Durchschnitt:  4.5
```

2.9.3 Zwischenschritte

- Schreiben Sie die Noteneingabe für eine Note und speichern Sie den eingegebenen Wert in einer Variable.

> **Hinweis:** Beachten Sie den Datentyp.

- Konstruieren Sie eine While-Schleife zur Eingabe aller Noten.

> **Tipp:** Eine Möglichkeit besteht darin, so lange nach Noten zu fragen, wie ein definierter Wert (z.B. 0 oder 9) *nicht* eingegeben wird.

- Führen Sie weitere Variablen für die Berechnung des Durchschnitts (nächster Schritt) ein.

> **Tipp:** Es empfiehlt sich zu Testzwecken die Variablenwerte bei jedem Schleifendurchgang anzuzeigen. So werden Sie Berechnungsfehler schneller erkennen und beheben können.

- Berechnen Sie den Durchschnitt und geben Sie das auf zwei Stellen gerundete Resultat am Bildschirm aus.

2.10 Teil C: Pokern

2.10.1 Einführung

Beim Poker-Spiel erhält jede Spielerin und jeder Spieler fünf Karten, die als *Hand* bezeichnet werden (siehe Beispiel in Abbildung 2.1).

Abbildung 2.1: Beispiel einer Hand beim Pokern.

Jede Karte hat eine Farbe und einen Wert. Die vier Farben sind *Herz*, *Karo*, *Pik* und *Kreuz*. Die 13 Werte sind *2* bis *10*, *Junge (J)*, *Dame (Q)*, *König (K)* und *Ass (A)*.

Eine Hand wird nach der Höhe der Karten-Kombination bewertet. In Tabelle 2.1 sind die Wertigkeiten verschiedener Hände der Reihe nach geordnet. Eine Hand mit einer höheren Wertigkeit schlägt jedes Blatt mit einer niedrigeren Wertigkeit.

2.10.2 Ausgangssituation und Programmanforderungen

Bei dieser Aufgabe müssen Sie nicht den ganzen Code von Grund auf neu schreiben. Sie erhalten einen Ausgangs-Code (Code Expert: Projekt **Pokern** > **main.py**, für nicht Code Expert User **poker.py** zu finden unter www.et.ethz.ch), den Sie im Folgenden erweitern werden.

Name	Bedeutung	Beispiel
Royal Flush	Strasse vom Ass abwärts in einer Farbe	
Straight Flush	Strasse in einer Farbe	
Four of a Kind	Vierling (4 Gleiche)	
Full House	ein Drilling (3 Gleiche) und ein Paar (2 Gleiche)	
Flush	fünf Karten von einer Farbe	
Straight	Strasse: 5 Karten in einer Reihe (nicht gleiche Farbe)	
Three of a Kind	Drilling (3 Gleiche)	
Two Pairs	zwei Paare: 2 mal 2 Karten mit dem gleichen Wert	
One Pair	ein Paar: 2 Karten mit dem gleichen Wert	

Tabelle 2.1: Wertigkeiten verschiedener Hände beim Pokern.

Was das Programm schon kann

Beim vorgegebenen Programm können Sie bereits fünf Karten einer Hand eingeben. Zur Vereinfachung gehen wir davon aus, dass die Karten immer **absteigend sortiert** eingegeben werden.

Codierung der Karten

Die Farben und Werte sind wie folgt mit Zahlen codiert:

Farben:

- Herz=1, Karo=2, Pik=3, Kreuz=4

Werte:

- 2=2, 3=3, ..., 10=10, J=11, Q=12, K=13, A=14

Beispiel:

```
Sie haben eingegeben:
Karte 1 (Wert|Farbe):  12 1
Karte 2 (Wert|Farbe):  9 3
Karte 3 (Wert|Farbe):  8 2
Karte 4 (Wert|Farbe):  7 3
Karte 5 (Wert|Farbe):  4 4
```

Dies würde der Hand in Abbildung 2.1 entsprechen.

Was das Programm noch nicht kann

Ihre Aufgabe besteht nun darin, das Programm so zu erweitern, dass es aufgrund der eingegebenen fünf Karten der Hand automatisch ausgibt, welche Karten-Kombination die spielende Person hat.

Beispiel:

```
Sie haben eingegeben:
Karte 1 (Wert|Farbe):  12 2
Karte 2 (Wert|Farbe):  11 2
Karte 3 (Wert|Farbe):  10 2
Karte 4 (Wert|Farbe):  9 2
Karte 5 (Wert|Farbe):  7 2

Sie haben FLUSH
```

Programmieren Sie mindestens die Erkennung von fünf Poker-Blättern.

2.10.3 Zwischenschritte

- Laden Sie die Datei **poker.py** auf Ihren Rechner und öffnen Sie den Ausgangs-Code in Ihrer Programmierumgebung.
- Studieren Sie den Ausgangs-Code. Geben Sie ein paar Kartenkombinationen ein.
- Programmieren Sie die Erkennung der Kartenkombinationen.

> **Tipp:** Überlegen Sie sich, welche Poker-Hände ähnliche Eigenschaften (z.B. die gleiche Farbe) aufweisen, um den Programmieraufwand möglichst klein zu halten.

2.10.4 Erweiterungen

- Überprüfen Sie, ob die Spielerin oder der Spieler die Karten tatsächlich der Grösse nach absteigend eingegeben hat.
- Wie könnten die Karten absteigend der Reihe nach sortiert werden?

2.11 Bedingungen für die Präsentation

Führen Sie einer Assistenzperson Ihre Programme (Zahlen raten, Notenprogramm und Poker) am Bildschirm oder in ausgedruckter Form vor.

Überlegen Sie sich, wie Sie einem Laien folgende Fragen erklären würden:

- Wie unterscheiden sich for- und while-Schleifen? Für welche Problemstellungen würden Sie welche Schleifenart einsetzen?
- Welche Rolle nimmt der Datentyp Boolean bei Verzweigungen und Schleifen ein?
- Was ist der Unterschied zwischen `a=4` und `a==4`?
- Wie können in Programmen semantische Fehler erkannt und behoben werden?
- Weshalb sollte redundanter und toter Code verhindert werden?

Die Begriffe dieses Kursmoduls sollten Sie mit einfachen Worten erklären können.

E.Tutorial
www.et.ethz.ch

Programmieren mit Python Modul 3

Datenstrukturen für zusammengehörige Werte, Such- und Sortieralgorithmen, Sequenzanalyse

Theorieteil

Autoren:
Lukas Fässler

Begriffe

Liste	Listen-Abstraktion
Tupel	Dictionary
Index	Schlüssel-Wert Paar
Dimension	String-Methoden
Listen-Durchlauf	Suchalgorithmus
Listen-Bereich	Sortieralgorithmus
geschachtelte Liste	Sequenzanalyse

Theorieteil

3.1 Modulübersicht

Dieses Modul befasst sich mit folgenden drei Themenbereichen:

1. **Datenstrukturen für zusammengehörige Daten**: Bis hierhin haben Sie als Datenstruktur vor allem Variablen verwendet. Damit kann jeweils nur ein Wert gespeichert werden. Um mehrere zusammengehörige Werte unter einem gemeinsamen Bezeichner zu speichern, werden spezielle Datenstrukturen verwendet. Ein solcher **sequentieller Datentyp** ist die Zeichenkette (String), die Sie bereits in Modul 1 verwendet haben. In diesem Modul lernen Sie die sequentiellen Datentypen **Listen** und **Tupel** sowie den Mapping Datentyp **Dictionary** kennen.
2. **Such- und Sortieralgorithmen**: Die Suche von einzelnen Elementen in einer Datensammlung und das Sortieren von Daten sind zwei der häufigsten Aufgaben, mit denen eine Programmiererin oder ein Programmierer konfrontiert ist. In dieser Einführung erfahren Sie, wie die populärsten Vertreter der Such- und Sortieralgorithmen funktionieren, die Sie im praktischen Teil dieses Moduls umsetzen werden.
3. **Modelle und Simulationen in der Wissenschaft**: In diesem Modul werden Sie Ihre Programmierkenntnisse einsetzen, um Modelle aus der Biologie als Simulationen umzusetzen. In diesem Abschnitt finden Sie eine kurze Einführung über Sinn und Zweck von Modellen und Simulationen in der Wissenschaft, die in den folgenden Modulen weitergeführt werden.

3.2 Datenstrukturen für zusammengehörige Daten

Beim Programmieren werden oft **zusammengehörige Daten** verwendet (z.B. Temperaturen, Lottozahlen, Termine, Trainingszeiten etc.). Um eine zusammengehörige Gruppe von Elementen unter einem Bezeichner abzuspeichern, verwendet man in allen modernen Programmiersprachen spezielle Datenstrukturen. **Listen** (*lists*) sind eine Datenstruktur zur Speicherung und Organisation von Daten, die in vielen Programmiersprachen vorkommen. Sie bestehen aus einer geordneten Menge von n Elementen. Die Elemente können über einen sogenannten **Index** angesprochen werden. Dieser gibt die Position eines Elements in einer Liste an. In vielen Programmiersprachen hat dabei das **erste**

Element den **Index 0**, das zweite den Index 1 und das letzte den Index $n - 1$ (siehe Beispiel in Tabelle 3.1).

Index	0	1	2	3	4	5
Wert	12	13	15	17	23	32

Tabelle 3.1: Beispiel für eine Liste mit sechs Elementen.

Besteht ein Element einer Liste selbst wieder aus einer Liste, entsteht eine **geschachtelte Liste** (*nested list*). Man kann es sich als Tabelle mit `m` mal `n` Elementen vorstellen, die jeweils über zwei Indizes angesprochen werden (siehe Beispiel in Tabelle 3.2).

Index	0	1	2	3	4	5
0	12	13	15	17	23	39
1	14	53	45	87	27	62
2	22	33	17	19	83	32

Tabelle 3.2: Beispiel für eine geschachtelte Liste mit drei mal sechs Elementen.

3.3 Sequenzielle Datentypen

Python unterscheidet die sequenziellen Datenstrukturen **Listen** (*list*) und **Tupel** (*tuple*). In Python verwendet man als sequentielle Datenstruktur auch häufig so genannte *NumPy-Arrays*. Diese werden in einem späteren Modul eingeführt.

3.3.1 Listen

Listen erstellen

In Python werden **Listen** erzeugt, indem Werte in **eckige Klammern** `[]` eingeschlossen und deren Elemente durch **Kommata** (`,`) getrennt werden.

Beispiel:

```
# Leere Liste a.

a = []

# Liste mit 3 Elementen 1, 2, 3.

a = [1,2,3]
```

Die einzelnen Elemente einer Liste können von unterschiedlichem Datentyp sein.

Beispiel:

```
# Liste b mit 4 Elementen und 3 unterschiedliche
# Datentypen String, Integer und Float.

b = ["Freitag", 13, "März", 10.30]
```

Listen können **ineinander verschachtelt** sein, indem sie andere Listen als Unterlisten enthalten (*nested lists*).

Beispiel:

```
# Verschachtelte Liste c mit 3 weiteren Unterlisten.

c = [["Freitag","Samstag"], [13,14], "März", [10.30,11.30]]
```

3.3.2 Tupel

Tupel sind den Listen ähnlich. Der Unterschied besteht darin, dass Tupel im Gegensatz zu Listen *nicht* verändert werden können. Dies verhindert ungewollte Änderungen an den Daten und bietet eine höhere Performance.

Tupel erstellen

In Python erzeugt man Tupel, indem Werte in **runde Klammern** `()` eingeschlossen und durch **Kommata** (`,`) getrennt werden.

Beispiel:

```
# Leeres Tupel d.

d = ()

# Tupel mit 3 unveränderbaren Elementen 1, 2, 3.

d = (1,2,3)
```

3.3.3 Zugriff auf einzelne Listen- und Tuple-Elemente (Indexierung)

Auf einzelne Elemente von Listen und Tupel wird über einen **Index** (z.B. `1`) zugegriffen. Oft wird eine Liste mittels einer Schleife durchlaufen, wobei die Laufvariable (z.B. `i`), als Index verwendet wird. So liefert z.B. `meineListe[i]` den Inhalt jenes Elements aus der Liste `meineListe`, welches den Index des Werts von `i` hat. Es gilt zu beachten, dass die Indizes bei 0 beginnen und bei `n-1` enden, wobei `n` der Anzahl der Elemente in der Liste entspricht.

Beispiel:

```
# Liste e mit 3 Elementen.

e = [1,2,3]

# Aufruf des ersten Elements mit Index 0.

print(e[0])

# Ausgabe:
# 1

# Addition zweier Elemente.

print(e[1] + e[2])

# Ausgabe:
# 5
```

Bei Python werden beim Zugriff auf einzelne Elemente sowohl bei Listen als auch bei Tupel *immer* **eckige Klammern** `[index]` gesetzt.

Beispiel:

```
# Liste f und Tupel g mit je 3 Elementen.

f = ["Freitag", 14, "März"]
g = ("Freitag", 13, "Mai")
print(f[0], f[1], f[2])
print(g[0], g[1], g[2])

# Ausgabe:
# Freitag 14 März
# Freitag 13 Mai

# Veränderung der Werte zweier Listen-Elemente.

f[0] = "Samstag"
f[1] = 15
print(f[0], f[1], f[2])

# Ausgabe:
# Samstag 15 März

# Veränderung von Tupel-Elementen führt
# zu einer Fehlermeldung.

g[0] = "Samstag"

# TypeError: tuple object does not support item assignment
```

Mit **negativen Indizes** kann man bei Python auch Elemente vom Ende einer Liste her gezählt ansprechen. Das letzte Element hat dabei den Index -1.

Beispiel:

```
# Liste h mit 3 Elementen.

h = ["Freitag", 14, "März"]

# Zugriff auf das letzte und zweitletzte Listenelement.

print(h[-1], h[-2])

# Ausgabe:
# März 14
```

Um auf ein einzelnes Element einer **geschachtelten Liste** zuzugreifen, werden die zwei Indizes für die Zeilen- und Spaltennummer angegeben.

Beispiel:

```
# Liste i mit 2 mal 2 Elementen.

i = [[0,0],[0,0]]

# Veränderung der Werte aller Listen-Elemente von i.

i[0][0] = 22
i[0][1] = 24
i[1][0] = 36
i[1][1] = 39

# Neue Speicherbelegung von i:
# [[22,24],[36,39]]
```

3.4 Mapping Datentyp

Statt Daten über eine fortlaufende Nummer abzurufen, werden beim Mapping Datentyp Daten als Schlüssel-Wert-Paare gespeichert. In Python sind **Dictionaries** (oder auch *assoziative Liste* genannt) der bekannteste Mapping Datentyp.

3.4.1 Dictionaries

Dictionaries haben einen ähnlichen Aufbau wie Listen. Während bei Listen der Zugriff über den Index geschieht (Ganzzahlen beginnend bei 0 für das erste Element), bieten Dictionaries die Möglichkeit, selbst-definierte Indizes von einem beliebigen Datentyp (also auch Strings) zu verwenden. In einem Dictionary wird der Index **Schlüssel** (*key*) genannt. Dictionaries kann man sich als ungeordnete Menge von Schlüssel-Wert-Paaren (*key-value pairs*) vorstellen, wobei die Schlüssel innerhalb eines Dictionaries eindeutig sein müssen. Die Daten sind also nicht nach Index sortiert.

Dictionary erstellen

Dictionaries werden mit **geschweiften Klammern** `{}` erzeugt und die einzelnen Elemente durch **Kommata** (`,`) getrennt. Jedes Element enthält einen Schlüssel und einen Wert, die durch **Doppelpunkt** (`:`) voneinander getrennt sind.

```
# leere Dictionary j.

j = {}

# Dictionary mit den Schlüsseln "gelb", "rot" und "grün"
# und den zugehörigen Werten 19, 11 und 22.

j = {"gelb": 19, "rot": 11, "grün": 22}

# Zugriff auf Werte über den Schlüssel.

print(j["grün"] + j["rot"])

# Ausgabe:
# 33
```

Iterieren über Dictionaries

Mit for-Schleifen und den Methoden `keys()`, `values()` und `items()` können Schlüssel, Werte oder beides zusammen durchlaufen werden.

```
# Dictionary j mit 3 Schlüssel-Wert Paaren.

j = {"gelb": 19, "rot": 11, "grün": 22}

# key() gibt eine Liste von Schlüsseln zurück.

for var in j.keys():
    print(var)

# Ausgabe:
# gelb
# rot
# grün

# values() gibt eine Liste der Werte zurück.

for var in j.values():
    print(var)

# Ausgabe:
# 19
# 11
# 22

# items() gibt die Schlüssel-Wert-Paare zurück.

for var in j.items():
    print(var)

# Ausgabe:
# ('gelb', 19)
# ('rot',  11)
# ('grün', 22)
```

3.5 Mit Listen arbeiten

In Python sind Listen der am häufigsten verwendete sequentielle Datentyp. In diesem Abschnitt werden die wichtigsten Operationen im Zusammenhang mit Listen beschrieben.

3.5.1 Hinzufügen und Löschen von Listen-Elementen

In Python gibt es spezielle Methoden, um Listen neue Elemente hinzuzufügen oder Elemente zu löschen. Hier sollen beispielhaft `append()`, `insert()` und `pop()` erwähnt werden.

Beispiel:

```
# Liste k mit 3 Elementen.

k = ["Freitag", 14, "März"]

k.append("15:33")

# Fügt an letzter Stelle der Liste ein weiteres
# Element ("15:33") hinzu.

# Ausgabe:
# Freitag 14 März 15:33

k.pop(0)

# Löscht das erste Element (Index 0) der Liste.

# Ausgabe:
# 14 März 15:33

k.insert(0, "Donnerstag")

# Fügt ein neues Element an die erste Stelle
# (Index 0) der Liste.

# Ausgabe:
# Donnerstag 14 März 15:33
```

3.5.2 Zugriff auf Teillisten (Slicing)

In Python wird das **Auslesen von Teilen einer Liste oder eines Tupls** als *Slicing* (engl. für Ausschneiden) bezeichnet. Um solche Teillisten aufzurufen, kann ein **Doppelpunkt** (`:`) verwendet werden. Alleine steht er für alle Elemente. Mit einer Zahl vor oder nach dem Doppelpunkt kann der Bereich mit `start:stop` eingegrenzt werden. `start` bezieht sich auf den Index des Elementes am Anfang des Bereichs und `stop` bezieht sich auf den Index des Elements *eins bevor* die Angabe des Bereichs endet. Negative Werte ändern die Richtung der Zählweise des Index vom Ende der Liste her.

Beispiel:

```
# Liste 1 mit 3 Elementen.

l = [1,2,3]

# Aufrufe von Listen-Bereichen mit Doppelpunkt.

print(l[:])

# Ausgabe:
# 1,2,3

print(l[1:])

# Ausgabe:
# 2,3

print(l[1:3])

# Ausgabe:
# 2,3

print(l[1:-1])

# Ausgabe:
# 2
```

3.5.3 Prüfen, ob ein Element in einer Liste existiert

Um zu prüfen, ob ein Element Teil einer Liste ist, kann `if` zusammen mit `in` oder `not in` verwendet werden.

Beispiel:

```
# Liste m mit 3 Elementen.

m = [1,2,3]

# Prüfen, ob das Element 2 in der Liste m existiert.

if 2 in m:
    print("Ja, Element ist in der Liste.")
else:
    print("Nein, Element ist nicht in der Liste.")

# Ausgabe:
# Ja, Element ist in der Liste.

# Prüfen, ob das Element 4 nicht in der Liste m existiert.

if 4 not in m:
    print("Ja, Element ist nicht in der Liste.")
else:
    print("Nein, ist Element in der Liste.")

# Ausgabe:
# Ja, Element ist nicht in der Liste.
```

3.5.4 Listen-Durchlauf mit Schleifen

Mit einer for-Schleife können **alle Elemente einer Liste durchlaufen** werden. Es gibt dabei verschiedene Möglichkeiten:

- Iteration über eine Zahlenfolge und Zugriff auf den Listen-Index
- Iteration über eine Liste ohne Zugriff auf den Listen-Index
- Iteration mit der Funktion `enumerate()`

Iteration über eine Zahlenfolge und Zugriff auf den Listen-Index

Bei dieser Variante wird die Funktion `range()` verwendet, um eine **Laufvariable** mit einer Zahlenfolge in einem definierten Bereich zu variieren (siehe Einführung der for-Schleife im vorherigen Modul). Beim Listenzugriff entspricht der Wert der **Laufvariablen** dem **Index-Wert** der Liste.

Beispiel:

```
# Liste n mit 5 Elementen.

n = [1,2,3,4,5]

# Aufruf aller Elemente von n unter Einsatz
# einer for-Schleife (Bereich 0 bis 4).

for i in range(0,5):
    print(n[i], end= " ")

# Ausgabe:
# 1 2 3 4 5
```

Erklärung: Die for-Schleife zählt von 0 bis 4. Bei jedem Schleifendurchlauf wird die Variable `i` als Index verwendet, um das entsprechende Listen-Element auszudrucken.

Um verschachtelte Listen iterativ zu bearbeiten, sind **geschachtelte Schleifen** mit mehreren Index-Variablen notwendig.

Beispiel:

```
# Verschachtelte Liste o mit 2 mal 3 Elementen.

o = [[0,0,0],[0,0,0]]

# Zugriff auf alle 6 Listen-Elemente
# mittels geschachtelter Schleife.

for i in range(0,2):
   for j in range(0,3):
         o[i][j] = 5

# Speicherbelegung von o:
# [[5, 5, 5], [5, 5, 5]]

# Ausgabe der 2-dimensionalen Struktur in der Konsole.

for i in range(0,2):
   for j in range(0,3):
         print(o[i][j], end= " ")
   print()

# Ausgabe:
# 5 5 5
# 5 5 5
```

Erklärung: Die beiden Laufvariablen `i` und `j` werden zunächst auf den Wert 0 gesetzt. Das erste Listen-Element, auf das zugegriffen wird, heisst `o[0][0]`. Danach wird die innere Schleife mit der Laufvariablen `j` durchlaufen. Die nächsten Listen-Elemente heissen `o[0][1]` und `o[0][2]`. Nach Abschluss der inneren Schleife geht es zurück in die äussere Schleife, die Laufvariable `i` wird auf den Wert 1 gesetzt und die innere Schleife beginnt wieder bei 0. Die weiteren Listen-Elemente heissen `o[1][0]`, `o[1][1]` und `o[1][2]`. Um die Listen-Elemente einer verschachtelten Liste in der Konsole in Zeilen und Spalten anzuordnen, muss nach jedem Element mit `end= " "` der automatische Zeilenumbruch unterbunden und am Ende einer Zeile mit `print()` wieder ein Zeilenumbruch eingefügt werden.

Iteration über eine Liste ohne Zugriff auf den Listen-Index

Bei dieser Variante durchläuft die for-Schleife *alle* Elemente einer Liste mit Hilfe einer Variablen, ohne dass wir den Listen-Index benötigen.

Beispiel:

```
# Liste p mit 5 Elementen.

p = [1,2,3,4,5]

# Aufruf aller Elemente der Liste p mit der Variable var.

for var in p:
    print(var)

# Ausgabe der 5 Listen-Elemente.
```

Die Funktion enumerate()

Mit der Funktion `enumerate()` kann ebenfalls über eine Liste "geloopt" werden. Die Funktion erlaubt zusätzlich die Angabe eines beliebig wählbaren Startwerts für den Zähler (1 in nachfolgendem Beispiel).

Beispiel:

```
# Liste q mit 3 Elementen.

q = ["Montag", "Dienstag", "Mittwoch"]

for zaehler, wert in enumerate(q, 1):
    print(zaehler, ":", wert)

# Ausgabe:
# 1 : Montag
# 2 : Dienstag
# 3 : Mittwoch
```

3.5.5 Berechnung der Listen-Länge

Mit der Funktion `len()` kann die **Länge einer Liste** abgefragt werden.

Beispiel:

```
r = [1,2,3]

# Bestimmung der Länge von r.

print(len(r))

# Ausgabe:
# 3
```

Häufig wird die Funktion `len()` verwendet, um beim Durchlaufen der Liste die obere Grenze der Schleife auszurechnen. Dies hat den Vorteil, dass bei einer Änderung der Listen-Länge die Schleife nicht angepasst werden muss.

Beispiel:

```
s = [1,2,3]

# Der Endwert der for-Schleife wird durch die Funktion
# len() bestimmt.

for i in range(0,len(s)):
    print(s[i])

# Ausgabe der 3 Listen-Elemente.

# Aenderung der Listen-Länge.

s = [1,2,3,4,5,6,7,8,9,10]

# Dieser Anweisungsblock muss nicht angepasst werden.

for i in range(0,len(s)):
    print(s[i])

# Ausgabe der 10 Listen-Elemente.
```

3.5.6 Grössere Listen mit Einheitswert

Um **grössere Listen mit Einheitswert** zu generieren, gibt es in Python verschiedene Möglichkeiten.

Multiplikation

Der effizienteste Weg, grosse Listen mit demselben Einheitswert zu erstellen, ist die Multiplikaion mit dem Operator $\star$.

Beispiel:

```
einheitswert = 0
anzahl = 100

# Liste t mit 100 Nullen.

t = [einheitswert] * anzahl
```

Listen-Abstraktion

Eine Möglichkeit, grössere Listen mit Einheitswert unter Verwendung von `for`-Schleifen zu erstellen, sind **Listen-Abstraktionen** (Engl. *List Comprehension*):

```
meineListe = [einheitswert for x in range(anzahl)]
```

- **meineListe**: Name der Liste.
- **einheitswert**: Dieser Wert wird für alle Listen-Elemente gesetzt.
- **anzahl**: Anzahl gewünschter Listen-Elemente, resp. Listen-Länge.

Beispiel:

```
# Liste u mit 100 Elementen;
# alle mit Wert 0 initialisiert.

u = [0 for x in range(100)]
```

Eine aufsteigende Liste in einem definierten Bereich kann wie folgt erzeugt werden:

Beispiel:

```
# Aufsteigende Liste v von 1 bis 99.

v = [x for x in range(1,100)]
```

Listen-Werte können auch durch Formeln generiert werden.

Beispiel:

```
# Durch eine Formel generierte Liste w.

w = [x**2 for x in range(10)]

# Es wird folgende Liste generiert:
# [0, 1, 4, 9, 16, 25, 36, 49, 64, 81]
```

Auch geschachtelte Listen können mittels Listen-Abstraktion erzeugt werden.

Beispiel:

```
# Geschachtelte Liste x mit 3 mal 4 Elementen
# und Einheitswert 0.

x = [[0 for i in range(3)] for j in range(4)]

# Es wird folgende Liste generiert:
# [[0, 0, 0], [0, 0, 0], [0, 0, 0], [0, 0, 0]]
```

3.5.7 Strings als Listen

Der Datentyp **String** (Zeichenketten), den Sie bereits seit Modul 1 verwenden, besteht ebenfalls aus einer geordneten Menge von Elementen, in diesem Fall beliebigen Einzelzeichen. Bei einem String kann deshalb auch auf einzelne Elemente (also einzelne Zeichen) zugegriffen werden. Die Strings sind allerdings *unveränderlich*, d.h. Wertzuweisungen zu einem Element eines Strings sind nicht möglich.

Beispiel:

```
# String mit dem Namen y und der Zeichenfolge "Hallo".

y = "Hallo"

print(y[1])

# Ausgabe:
# a

print(y[-1])

# Ausgabe:
# o

print(y[1:4])

# Ausgabe:
# all

y[1] = "e"
print(y)

# TypeError: 'str' object does not support item assignment.
```

String-Methoden

Python bietet zahlreiche Methoden, um Zeichenketten (Strings) zu manipulieren. Die wichtigsten umfassen die Bereich Gross-/Kleinschreibung, Suchen/Ersetzen und Aufteilen/Verbinden. Hier sollen beispielhaft je zwei häufig verwendete Methoden aufgeführt werden.

Gross-/Kleinschreibung:

- `lower()` gibt den String als Kleinbuchstaben zurück.

```
z = "Hallo WELT"

print(z.lower())

# Ausgabe:
# hallo welt
```

- `upper()` gibt den String als Grossbuchstaben zurück.

```
z = "Hallo WELT"

print(z.upper())

# Ausgabe:
# HALLO WELT
```

Suchen/Ersetzen:

- `find()` sucht nach der angegebenen Zeichenfolge und gibt den Index zurück.

```
z = "Hallo Welt"

print(z.find("el"))

# Ausgabe:
# 7
```

- `replace()` ersetzt einen String durch einen anderen String.

```
z = "Hallo Welt"

print(z.replace("al", "el"))

# Ausgabe:
# Hello Welt
```

Aufteilen/Verbinden:

- `split()` zerlegt den String anhand eines Trennzeichens in eine Liste.

```
z = "Hallo Welt"

print(z.split(" "))

# Ausgabe:
# ['Hallo', 'Welt']
```

- `join()` verbindet die Elemente einer Liste zu einem String, wobei zwischen jedem Element ein Trennzeichen (z.B. `"_"`) eingefügt wird.

```
z = ["H","a","l","l","o"]

print("_".join(z))

# Ausgabe:
# H_a_l_l_o
```

3.6 Such- und Sortieralgorithmen

Sind Daten in Listen abgelegt, werden häufig darauf Algorithmen angewendet, die einzelne Elemente suchen oder mehrere Elemente der Reihe nach sortieren. Wir beschränken uns hier auf eine kurze Beschreibung einiger ausgewählter Vertreter, die Sie im praktischen Teil selber implementieren werden.

3.6.1 Suchalgorithmen

Es gibt verschiedene **Suchalgorithmen**, die sich in ihrem Aufbau und ihrer Effizienz unterscheiden. Die bekanntesten sind die *lineare* und die *binäre Suche.*

Lineare Suche

Bei der *linearen Suche* wird eine Menge von Elementen nach einem bestimmten Element durchsucht. Die Suche beginnt beim ersten Element, und die Elemente werden in der Reihenfolge durchlaufen, in der sie abgespeichert sind. Entspricht das betrachtete Element dem gesuchten Element, wird die Suche beendet, ansonsten wird weiter gesucht.

So kann zum Beispiel mit der *linearen Suche* nach dem *maximalen* Wert gesucht werden:

1. Die Position des (momentanen) Maximums wird in einer Variablen (z.B. `max`) gespeichert.
2. Zuerst wird das erste Element der Liste als das Maximum angenommen.
3. Es werden nun alle Elemente der Liste (ausser des ersten) durchlaufen.
4. Ist der Wert des Feldes an der momentanen Position grösser als das bisher angenommene Maximum, dann wird diese Position in `max` gespeichert.

Binäre Suche

Die Voraussetzung für die *binäre Suche* ist, dass die Daten in sortierter Form vorliegen.

Die *binäre Suche* funktioniert wie folgt:

1. Es wird das mittlere Element der sortierten Datenmenge untersucht. Ist dieses grösser als das gesuchte Element, muss nur noch in der unteren Hälfte gesucht werden, andernfalls in der oberen.
2. Die Suche wird bei jedem darauf folgenden Durchlauf auf die neue Datenmenge angewendet. Der Suchraum (d.h. der Teil der Datenmenge, welcher durchsucht wird) halbiert sich dadurch bei jedem Durchgang.
3. Die Suche endet, sobald das gesuchte Element gefunden wurde oder nur noch ein Element übrig bleibt. In diesem Fall ist es entweder das gesuchte Element oder es kommt in der Datenmenge nicht vor.

3.6.2 Sortieralgorithmen

Das Ziel von **Sortieralgorithmen** ist es, die Elemente einer Menge nach einem bestimmten Kriterium zu sortieren. Nach dem Sortieren liegen die Elemente in aufsteigender oder absteigender Reihenfolge vor.

Es gibt verschiedene Sortieralgorithmen, die sich in ihrem Aufbau und ihrer Effizienz unterschieden. Die bekanntesten sind *Bubble-Sort*, *Insertion-Sort*, *Merge-Sort* und *Quick-Sort*. Hier soll stellvertretend *Bubble-Sort* betrachtet werden.

Bubble-Sort

So erreichen Sie mit *Bubble-Sort* eine aufsteigende Sortierung (siehe Abbildung 3.1):

1. Es werden jeweils zwei benachbarte Elemente einer Liste verglichen. Begonnen wird mit den Elementen mit dem Index 0 und 1, dann 1 und 2, dann 2 und 3 etc.
2. Wenn der Wert des linken Elements grösser ist als der Wert des rechten, werden die beiden Werte vertauscht.
3. Mit einem Listendurchlauf „wandert“ so das grösste Element ans Ende der Liste.

4. Nun werden die Schritte 1 bis 3 wiederholt, um das zweitgrösste Element an die zweitletzte Position zu bringen. Der Vergleich des zweitletzten Elements mit dem letzten entfällt, da das letzte das grösste ist.
5. Die Schritte 1 bis 4 werden so lange wiederholt, bis die zwei kleinsten Elemente miteinander verglichen werden.

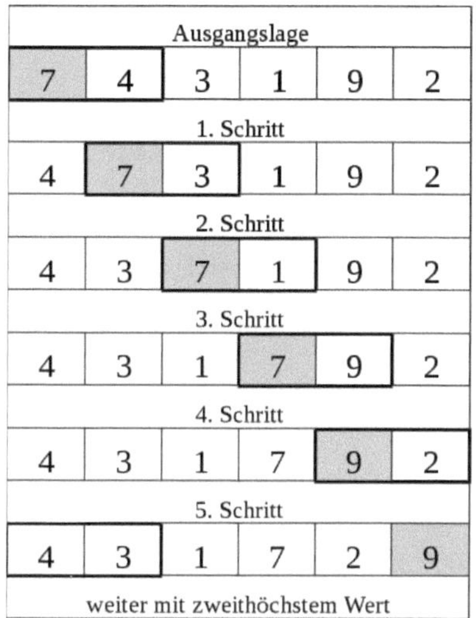

Abbildung 3.1: Beispiel für Bubble-Sort. Details siehe Text.

3.7 Sequenzanalyse

Die **Sequenzanalyse** gehört zu den wichtigsten Anwendungen der Bioinformatik. Durch die Entwicklung von Methoden zur Analyse von Gen- und Proteinsequenzen ist die Zahl von bekannten Sequenzen, die in Bio-Datenbanken aufgenommen wurden, stark gestiegen. Um die Biologie des Organismus, von dem die Sequenzen stammen, zu verstehen, ist der automatisierte Vergleich von Sequenzdaten von DNA, RNA oder Protein mit bereits bekannten Sequenzen ein wichtiges Mittel. Untersucht wird die Abfolge und die Position einzelner Moleküle in der Sequenz mit dem Ziel, Erkenntnisse über Eigenschaften, Funktion, Strukutur und Evolution zu gewinnen.

Die Nukleotiden der **Desoxyribonukleinsäure** (engl. *DNA*) unterscheiden die **4 Basen** **A**denin, **T**hymin, **G**uanin und **C**ytosin. Bei der Sequenzanalyse wird die DNA in Form von Zeichenketten (*String*) angegeben, wie zum Beispiel `"ATCCTATC"`. Beim Vergleich zweier DNA-Sequenzen kann es vorkommen, dass wir in einer Sequenz an einer Position statt "C" ein "G" finden. Eine solche Änderung eines Moleküls wird *Single Nucleotide Polymorphism (SNP)* genannt.

Beispiel eines SNP in Sequenz 2 an Position 3:

```
     1 2 3 4 5 6 7 8
Seq1 A T C C T A T C
Seq2 A T G C T A T C
```

In anderen Fällen kann es passieren, dass ein Molekül fehlt (*Deletion*) oder wir finden ein zusätzliches Molekül (*Insertion*).

Beispiel einer Insertion in Sequenz 1 an Position 3:

```
     1 2 3 4 5 6 7 8
Seq1 A T C C T A T C
Seq2 A T - C T A T C
```

In diesen beiden Beispielen ist die Sequenzlänge kurz und die Ähnlichkeit hoch. Daher ist es einfach, die Sequenzen visuell abzugleichen. Wenn Sie jedoch hunderte oder tausende von Positionen abgleichen müssen, würden Sie wahrscheinlich nicht alles von Hand vergleichen wollen. Daher gibt es hierfür spezielle Programme, die Algorithmen zum Alignment von Sequenzen verwenden.

Selbstständiger Teil

3.8 Überblick

Der selbstständige Teil dieses Moduls besteht aus folgenden Teilen:

- Teil A: To-Do-Liste
- Teil B: Such- und Sortieralgorithmen
- Teil C: DNA-Sequenzanalyse

3.9 Teil A: To-Do-Liste

3.9.1 Einführung

Bei dieser Aufgabe soll eine To-Do-Liste angelegt und verwaltet werden können. Dabei kommen einfache Listen-Operationen zum Einsatz und es werden Schleifen und Bedingungsprüfungen repetiert.

3.9.2 Programmanforderungen

Bei diesem Programm soll eine To-Do-Liste erstellt werden. Mit einer Benutzereingabe soll entschieden werden können, ob ein neuer To-Do-Eintrag hinzugefügt, entfernt oder ausgegeben werden soll.

So könnte Ihre Programmausgabe aussehen:

```
Was willst du?
N=Neues ToDo | L=ToDo Löschen | P=ToDoListe |
Beliebige andere Taste=Beenden
N
Neues ToDo: Chemie repetieren
Anzahl ToDos:  1

Was willst du?
N=Neues ToDo | L=ToDo Löschen | P=ToDoListe |
Beliebige andere Taste=Beenden
N
Neues ToDo: Mathe Aufgabe 4
Anzahl ToDos:  2

Was willst du?
N=Neues ToDo | L=ToDo Löschen | P=ToDoListe |
Beliebige andere Taste=Beenden
N
Neues ToDo: Informatik E.Tutorial 3
Anzahl ToDos:  3

Was willst du?
N=Neues ToDo | L=ToDo Löschen | P=ToDoListe |
Beliebige andere Taste=Beenden
L
['Chemie repetieren', 'Mathe Aufgabe 4',
'Informatik E.Tutorial 3']
Welches löschen? 1
Anzahl ToDos:  2

Was willst du?
N=Neues ToDo | L=ToDo Löschen | P=ToDoListe |
Beliebige andere Taste=Beenden
P
Meine ToDos: ['Chemie repetieren',
'Informatik E.Tutorial 3']
Anzahl ToDos:  2

Was willst du?
N=Neues ToDo | L=ToDo Löschen | P=ToDoListe |
Beliebige andere Taste=Beenden
Z
Meine ToDos: ['Chemie repetieren',
'Informatik E.Tutorial 3']
Anzahl ToDos:  2
Viel Erfolg bei der Arbeit!
```

3.9.3 Zwischenschritte

- Erstellen Sie eine leere Liste.
- Erstellen Sie eine wiederholte User-Eingabe mit einer Menü-Auswahl für verschiedene Aktionen. Das Programm fragt jeweils nach der nächsten Aktion.

> **Tipp:** Verwenden Sie eine **while True-Schleife** mit `break` zum Abbruch der Schleife.

- Prüfen Sie die User-Eingabe und schreiben Sie die Funktionalitäten (Hinzufügen und Entfernen eines Listenelements).
- Geben Sie bei jeder Aktion die Anzahl der Listenelemente aus.

3.10 Teil B: Such- und Sortieralgorithmen

In diesem zweiten selbstständigen Teil werden Sie eine kleine Auswahl an Such- und Sortieralgorithmen implementieren. Eine kurze Beschreibung finden Sie im Theorieteil.

> **Hinweis:** Bei dieser Aufgabe geht es um das Verständnis der Such- und Sortieralgorithmen. Auch wenn es bei Python Funktionen (z.B. `sort`) gibt, welche die Ergebnisse direkt liefern, wollen wir bei dieser Aufgabe die ganzen Algorithmen ausprogrammieren, um sie anschliessend auch optimieren zu können.

3.10.1 Vorbereitendes

Laden Sie das Ausgangsprogramm **Pollen.py** auf Ihren Rechner (Code Expert: Öffnen Sie das Projekt `03_Teil_B: Such- und Sortieralgorithmen: Pollen`). Studieren Sie das Programm.

Pollendaten

Die Datei **Pollen.py** (Code Expert: **main.py**) enthält 122 Messwerte für Gräserpollen (Anzahl Pollen pro Kubikmeter Luft). Hierbei handelt es sich Tagesmittelwerte vom 01.03. bis 30.06.2015 in Zürich.

3.10.2 Suchalgorithmen

Aufgaben

Durchsuchen Sie die Liste mit *linearer Suche* nach dem **höchsten Wert** und geben Sie den **Wert** und die **Position** der Daten in der Konsole aus.

So könnte Ihre Ausgabe aussehen:

```
Laenge:  122
Maximum: 320
Datum: 21.05.2015
```

Erweiterungen

- Suchen Sie den Pollenwert, der am 07.06.2015 gemessen wurde.
- Überlegen Sie sich, was passiert, wenn der gesuchte Wert mehr als einmal vorkommt. Wie müsste ihr Programm darauf reagieren?
- Wie beurteilen Sie den Suchaufwand? Haben Sie Ideen für eine Optimierung?
- Versuchen Sie (nach der Umsetzung der Sortierung) die Liste mittels Binärer Suche zu durchsuchen.

3.10.3 Sortieralgorithmen

Aufgaben

Implementieren Sie den *Bubble-Sort-Algorithmus* für die Liste **pollen** (Gräserpollendaten), so dass die Werte auf- oder absteigend sortiert dargestellt werden (Beschreibung Bubble-Sort siehe Theorie-Teil).

Erweiterungen

- Geben Sie zu jedem Eintrag der sortierten Pollendaten-Liste das zugehörige Datum aus.
- Wie könnte die Effizienz von *Bubble-Sort* erhöht werden?
- Quantifizieren Sie die Effizienz Ihrer Such- und Sortieralgorithmen (z.B. mit einer Zählung der Rechenschritte oder einer Zeitmessung).
- Speichern Sie die Pollen-Liste in einem separaten File und importieren Sie die Daten (für Details siehe Theorieteil im nächsten Modul).

3.11 Teil C: DNA-Sequenzanalyse

3.11.1 Einführung und Übersicht

Die Nukleotiden der **Desoxyribonukleinsäure** (engl. *DNA*) unterscheiden die **4 Basen A**denin, **T**hymin, **G**uanin und **C**ytosin. Bei dieser Aufgabe werden Sie verschiedene **DNA-Sequenzen** auswerten, die aus einer **Abfolge der Basen A, T, G, C** bestehen (z.B. `ATCCTG`).

Diese Aufgabe besteht aus folgenden **Teilaufgaben**:

- Auswerten von Einzelbasen
- Auswerten von Basen-Sequenzen
- Auswerten einer Liste von Basen-Sequenzen
- Testen einer Hypothese mittels DNA-Sequenzanalyse

3.11.2 Teilaufgaben

Auswerten von Einzelbasen

Ein erstes Programm soll die **Häufigkeit und die Stelle einer gegebenen Einzelbase** in einer **DNA-Sequenz beliebiger Länge** auswerten.

Die Eingabe einer gegebenen DNA-Sequenz und einer Base (z.B. `"A"`) kann wie folgt aussehen:

```
dna = "ATCCTATCGAT"
seq = "A"
```

Mögliche Ausgabe:

```
A: 3
pos: [0, 5, 9]
```

Tipp: Speichern Sie die gefundenen DNA-Stellen in einer weiteren Liste.

Auswerten von Basen-Sequenzen

Ein zweites Programm soll auch **längere Basen-Sequenzen** in einer DNA-Sequenz zählen können und die Stellen in der Sequenz angeben.

Die Eingabe einer gegebenen DNA-Sequenz und einer Basen-Sequenz kann wie folgt aussehen:

```
dna = "ATCCTATCGAT"
seq = "AT"
```

Mögliche Ausgabe:

```
AT: 3
pos: [0, 5, 9]
```

> **Tipp:** Verwenden Sie für die Prüfung der Basen-Sequenz eine Teilliste (*Slicing*), die der Länge der gesuchten Sequenz entspricht.

Auswerten einer Liste von Basen-Sequenzen

Ein nächstes Programm soll die **Anzahl einer Liste von Teilsequenzen** in einer gegebenen DNA-Sequenz auswerten und jeweils die Stellen angeben.

Die Eingabe einer gegebenen DNA-Sequenz und einer Liste von Basen-Sequenzen beliebiger Länge kann wie folgt aussehen:

```
dna = "ATCATGAGGGCCTATCTA"
gesucht = ["A","T","G","AT","ATG"]
```

Mögliche Ausgabe:

```
A: 5
pos: [0, 3, 6, 13, 17]
T: 5
pos: [1, 4, 12, 14, 16]
G: 4
pos: [5, 7, 8, 9]
AT: 3
pos: [0, 3, 13]
ATG: 1
pos: [3]
```

> **Tipp:** Verwenden Sie für den Durchlauf der DNA-Sequenz aller Teilsequenzen eine geschachtelte Schleife (*nested loop*). Die innere Schleife durchläuft dabei die gesuchte Teilsequenz, die äussere die einzelnen Teilsequenzen.

3.11.3 Testen einer Hypothese mittels DNA-Sequenzanalyse

Einführung und Aufgabenstellung

Mabuya ist eine Reptiliengattung aus der Familie der *Skinks* (Glattechsen, Abbildung 3.1).

Abbildung 3.1: Mabuya mabouya (Abbildung Mark Stevens from Warrington, UK, CC BY 2.0, https://creativecommons.org/licenses/by/2.0).

Von zahlreichen *Mabuya*-Arten weltweit ist mitochondriale DNA sequenziert und in Bio-Datenbanken abgelegt worden[1]. Bei dieser Aufgabe werden Sie verschiedene DNA-Sequenzen analysieren, um die Verwandschaft und Herkunft dieser Arten zu untersuchen.

Das Archipel *Fernando de Noronha* befindet sich etwa 350 km vor der Küste Basiliens (Abbildung 3.2). *Mabuya atlantica* ist auf der Insel endemisch. Da das Archipel vulkanisch entstanden ist, stellt sich die Frage, wie und woher die Art auf die Insel gekommen ist.

[1] z.B. GenBank (www.ncbi.nlm.nih.gov/genbank) betrieben vom National Center for Biotechnology Information(NCBI).

Eine Hypothese besagt, dass die Art mit der Meeresströmung aus Afrika angeschwemmt wurde und nicht vom viel näheren südamerikanischen Festland stammt[2].

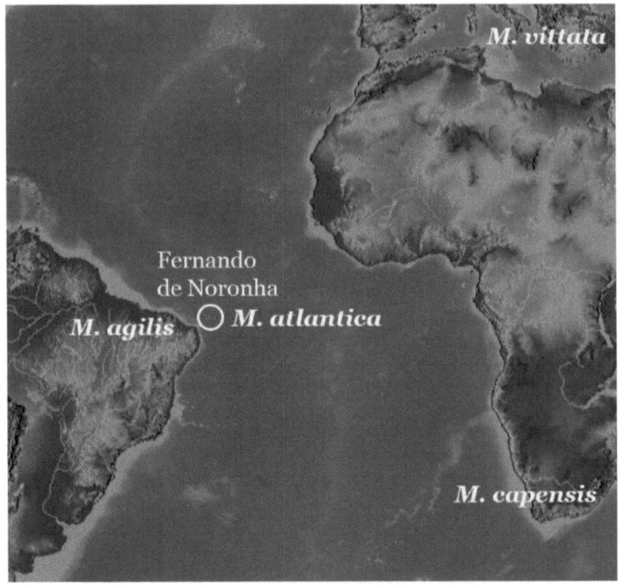

Abbildung 3.2: Verbreitung der vier Mabuya-Arten. Details siehe Text.

Um diese Hypothese zu prüfen, wollen wir DNA-Sequenzen von vier verschiedenen *Mabuya*-Arten bezüglich ihrer prozentualen Übereinstimmung miteinander vergleichen (Abbildung 3.2):

- *M. agilis* (Südamerikanisches Festland, Brasilien)
- *M. atlantica* (Fernando de Noronha, Brasilien)
- *M. capensis* (Afrikanisches Festland, Südafrika)
- *M. vittata* (Türkei)

Die gegebenen DNA-Sequenzen bestehen aus den Basen `"A"`, `"T"`, `"G"`, `"C"` sowie Bindestrichen `"-"`. Diese stehen für eine neu eingefügte oder entfernte Base.

[2]S. Carranza, E.N. Arnold (2003). Investigating the origin of transoceanic distributions: Mtdna shows Mabuya lizards crossed the Atlantic twice, Systematics and Biodiversity, 1:2, 275-282.

	M. atlantica	*M. agilis*	*M. vittata*	*M. capensis*
M. atlantica	1.00			
M. agilis		1.00		
M. vittata			1.00	
M. capensis				1.00

Abbildung 3.3: Resultate Ihrer DNA-Sequenzanalyse. Prozentuale Übereinstimmung der vier Mabuya-Arten.

Zwischenschritte

- Öffnen Sie die Python-Datei mit den vier DNA-Sequenzen.
- Werten Sie die Einzelbasen der vier *Mabuya*-Arten aus.

Mögliche Ausgabe:

```
Mabuya vittata
A: 142
T: 98
G: 81
C: 106
-: 12
Anzahl Elemente: 439
```

- Vergleichen Sie die DNA-Sequenzen der vier *Mabuya*-Arten bezüglich ihrer **Länge** und ihrer **prozentualen Übereinstimmung** und ergänzen Sie die Vergleichstabelle mit den gefundenen Werten (Abbildung 3.3).

Mögliche Ausgabe:

```
Mabuya capensis vs. Mabuya vittata
Die beiden Sequenzen haben dieselbe Länge
Anzahl Vergleiche: 415
Anzahl Treffer: 364
Übereinstimmung: 0.8771084337349397
```

Beachten Sie folgende Punkte:

- Der DNA-Sequenzvergleich wird nur ausgeführt, wenn die beiden Sequenzen **dieselbe Länge** haben. Ansonsten wird eine Meldung angezeigt (z.B. `Die Sequenzen müssen dieselbe Länge haben.`) und das Programm wird beendet.
- Haben wir in einer der beiden Sequenzen eine Lücke (Zeichen `"-"`), gehen wir direkt zur nächsten Position ohne den Vergleich durchzuführen.
- Wird ein Vergleich durchgeführt (d.h. weder Sequenz 1 noch Sequenz 2 haben ein `"-"`), wird ein erster Zähler um eins erhöht.
- Enthält Sequenz 1 und 2 dieselbe Base, wird ein zweiter Zähler um eins erhöht.
- Die Prozentuale Übereinstimmung ergibt sich aus der Division von Zähler 2 und Zähler 1.

- Diskutieren Sie auf der Basis Ihrer Resultate die Verwandtschaftsbeziehungen zwischen den *Mabuya*-Arten. Haben Sie eine Erklärung, wie *M. atlantica* auf das Archipel *Fernando de Noronha* gekommen sein könnte?

Erweiterungen

- Schreiben Sie den Code für den Sequenzvergleich einmal als Funktion. Rufen Sie die Funktion auf und übergeben Sie die beiden zu vergleichenden Sequenzen an die Funktion. Die Theorie dazu finden Sie im nächsten Modul.

3.12 Bedingungen für die Präsentation

Führen Sie einer Assistenzperson die erstellten Programme (To-Do-Liste, Pollen, DNA-Sequenzanalyse) am Bildschirm vor und diskutieren Sie die Resultate.

Überlegen Sie sich, wie Sie einem Laien folgende Fragen erklären würden:

- Was ist der Unterschied zwischen Listen, Tupel und Dictionaries?
- Wie werden Elemente von Listen adressiert?
- Wie funktioniert ein Listen-Durchlauf bei einfachen und geschachtelten Listen?
- Wie funktionieren Listen-Abstraktionen?
- Wie funktioniert die *lineare Suche* und *Bubble-Sort*?
- Wo liegt punkto Effizienz die Schwäche der *linearen Suche* und von *Bubble-Sort* im Vergleich zu anderen Sortier-/Suchalgorithmen?
- Wie funktioniert ein Sequenzvergleich zweier Listen?
- Was sind Gemeinsamkeiten und Unterschiede von Listen und Strings?

Die Begriffe dieses Kursmoduls sollten Sie mit einfachen Worten erklären können.

E.Tutorial
www.et.ethz.ch

Programmieren mit Python Modul 4

Funktionen, Module und Simulationen

Theorie

Autoren:

Lukas Fässler, David Sichau, Markus Dahinden

Begriffe

Modularität	Bibliotheken
Subroutine	Zufallszahl
Prozedur	Gültigkeitsbereich von Variablen
Funktion	Lokaler und globaler Gültigkeitsbereich
Parameter	Modell
Rückgabewert	Simulation
Rekursion	Zelluläre Automaten
Modul	Game Loop Pattern

Theorie

4.1 Modulübersicht

Dieses Modul befasst sich mit folgenden Themenbereichen:

1. **Modularitätsprinzip**: Durch das **Modularitätsprinzip** wird ein Gesamtproblem in getrennte Teilprobleme zerlegt. In diesem Modul lernen Sie Möglichkeiten kennen, wie Sie Anweisungen in **Unterprogrammen** (oder **Subroutinen**) zusammenfassen können. Unterprogramme sind funktionale Einheiten, die an mehreren Stellen in einem Programm aufgerufen werden können. Auf diese Weise muss ein Programmteil nur einmal entwickelt und getestet werden, wodurch sich der Programmieraufwand verringert und der Programmcode verkürzt. Werden beim Aufrufen des Unterprogramms Daten übergeben, werden diese als **Parameter** bezeichnet. In vielen Programmiersprachen werden zwei Varianten von Unterprogrammen unterschieden: jene **mit einem Rückgabewert** (**Funktionen**) und jene **ohne Rückgabewert** (**Prozeduren**). In Python werden alle Unterprogramme als **Funktionen** bezeichnet. Häufig möchten Sie Funktionen und Anweisungen in mehreren Programmen nutzen. Damit Sie diese nicht in jedes Programm kopieren müssen, können sie als **Datei** gespeichert werden. Eine solche Datei wird in Python **Modul** genannt. Will man in einem Programm ein Modul nutzen, muss es zunächst importiert werden.
2. Sobald wir Programme in verschiedene Teilprobleme zerlegen, spielt es eine Rolle, wo im Programm Variablen sichtbar und zugänglich sind. Wie die meissten Programmiersprachen kennt Python verschiedene Ebenen, welcher den **Gültigkeitsbereich von Variablen** bestimmt. Für die praktische Programmierarbeit bedeutet das, dass man nicht von jeder Stelle eines Programms auf alle Variablen zugreifen kann. In diesem Kapitel lernen Sie, mit welchen Regeln die Gültigkeitsbereiche von Variablen verwaltet werden.
3. **Modelle und Simulationen in der Wissenschaft**: In diesem Modul werden Sie Ihre Programmierkenntnisse einsetzen, um Modelle aus der Biologie als Simulationen umzusetzen. In diesem Kapitel finden Sie eine kurze Einführung über Sinn und Zweck von Modellen und Simulationen in der Wissenschaft, die in den folgenden Modulen weitergeführt werden. Als Simulationswerkzeug lernen Sie in diesem Modul **zelluläre Automaten** kennen.

4.2 Funktionen

Bis hierhin haben Sie schon einige Python-Funktionen verwendet, wie zum Beispiel `print()`, `input()` oder `len()`. In diesem Modul lernen Sie, wie Sie selber Funktionen schreiben und benutzen können, die eine von Ihnen vorgegebene Aufgabe erfüllen.

Gründe für die Verwendung von Funktionen sind:

- **Strukturierung:** Gruppen von Anweisungen können unter einem Namen abgelegt und beliebig oft aufgerufen werden. Programme erhalten dadurch eine Struktur.
- **Lesbarkeit:** Die Wahl geeigneter Funktionsnamen können helfen, dass Programme besser lesbar und verständlicher werden.
- **Vermeidung von Code-Redundanz:** Müssen Anweisungen mehrfach ausgeführt werden, kann die Codesequenz in eine Funktion ausgelagert und über ihren Namen aufgerufen werden. Die Codesequenz muss dann nur noch ein Mal gepflegt werden.

4.2.1 Funktionen ohne Rückgabewert (Prozeduren)

In Python wird eine Funktion mit dem Schlüsselwort `def` gefolgt vom Funktionsnamen und **runden Klammern** `()` definiert. Wie bei den Kontrollstrukturen wird die Zeile mit einem **Doppelpunkt** (`:`) abgeschlossen und alle darauffolgenden Zeilen der Funktion müssen eingerückt sein. Eine Funktion muss immer *vor* ihrem ersten Aufruf definiert werden.

Schreibweise:

```
def blubb(): # Definition der Funktion blubb.
    # Anweisungen in der Funktion sind eingerückt.
```

In diesem Beispiel wird die Funktion `blubb()` definiert. Die leere Klammer bedeutet, dass keine Parameter übergeben werden.

Beispiel: Das folgende Python-Programm beinhaltet die Funktion `ausgabe()`, welche beim Programmstart dreimal aufgerufen wird:

```
def ausgabe():
    print("Die Funktion wurde ausgeführt.")

# Programm startet hier.
for i in range(0,3):
    ausgabe()

# Ausgabe:
# Die Funktion wurde ausgeführt.
# Die Funktion wurde ausgeführt.
# Die Funktion wurde ausgeführt.
```

4.2.2 Funktionen mit Parametern

An Funktionen können auch Werte übergeben werden. Solche einer Funktion übergebenen Werte nennt man **Parameter**. Damit wir einer Funktion Werte übergeben können, werden im **Kopf der Funktionsdefinition die empfangenen Variablen deklariert** (so genannte **Eingangsvariablen**). Beim Funktionsaufruf wird der Wert an die Eingangsvariable übergeben.

Schreibweise und Beispiel: Folgende Funktion `addiereUndGibAus()` hat zwei Eingangsparameter x und y:

```
def addiereUndGibAus(x, y):
    z = x + y
    print("Summe: ", z)
```

Die Funktion kann beispielsweise mit den Werten 3 und 2 aufgerufen werden.

```
addiereUndGibAus(3, 2)

# Ausgabe:
# Summe: 5
```

Der Wert 3 wird an die Variable x und 2 an die Variable y übergeben. Die Reihenfolge der Wertübergabe spielt also eine Rolle.

Es gibt auch die Möglichkeit, für Parameter Standard-Werte (*Default-Values*) anzugeben. Wird beim Funktionsaufruf kein Wert angegeben, wird der Standard-Wert eingesetzt.

Beispiel: Bei folgender Funktion `addiereUndGibAus()` werden für `x` und `y` Standard-Werte eingesetzt. Beim Funktionsaufruf wird für `x` ein Wert angegeben, für `y` wird der Standard-Wert verwendet:

```
def addiereUndGibAus(x=3, y=2):
    z = x + y
    print("Summe: ", z)

addiereUndGibAus(4)

# Ausgabe:
# Summe: 6
```

4.2.3 Funktionen mit Rückgabewert

Im obigen Beispiel wurden die Resultate der Funktion direkt in der Konsole ausgegeben. Möchten wir jedoch die Ergebnisse nach dem Beenden der Funktion nutzen und weiterverarbeiten, haben wir die Möglichkeit, die Werte als **Rückgabewert** an den **Ort des Funktionsaufrufs** zurückzugeben und dort zu speichern. Dies geschieht mit dem Schlüsselwort `return` und einer Wertzuweisung zu einer Variablen.

Die `return`-Anweisung...

- beendet die Ausführung der Funktion,
- übergibt die Speicheradresse (oder Referenz) an die aufrufende Stelle,
- löscht alle lokalen Variablen der Funktion aus dem Speicher. Der belegte Arbeitsspeicher für lokale Variablen innerhalb der Funktion wird dadurch zur Wiederverwendung freigegeben (siehe Abschnitt "Gültigkeitsbereich von Variablen").

Schreibweise und Beispiel: Bei folgender Funktion `addiereUndGibZurueck()` werden beim Aufruf zwei Parameter `x` und `y` übergeben und am Ende der Funktion der Wert von `z` an den Ort des Funktionsaufrufs zurückgegeben, wo er in der Variable `resultat` gespeichert wird:

```
def addiereUndGibZurueck(x, y):
    z = x + y
    return z

resultat = addiereUndGibZurueck(3, 2)
print(resultat)

# Ausgabe:
# 5
```

Werden mehrere Werte zurückgegeben, können diese als Tuple gespeichert und weiterverarbeitet werden.

Beispiel: Bei folgender Funktion `berechne()` werden zwei Werte (`summe` und `produkt`) zurückgegeben und im Tuple `meinTuple` gespeichert:

```
def berechne(a, b):
    summe = a + b
    produkt = a * b
    return summe, produkt

meinTuple = berechne(4, 5)
print(meinTuple)

# Ausgabe:
# (9, 20)
```

Enthält die `return`-Anweisung keinen Wert, wird `None` zurückgegeben.

Bei **Funktionen mit Rückgabewert** muss darauf geachtet werden, dass in jedem Fall ein Wert zurückgegeben wird.

Beispiel:

```
def hallo():
    i = 1
    if i == 1:
        return True
    else:
        print("tritt nie ein")
```

Auch wenn der else-Fall in dieser Funktion nie eintritt, muss darauf geachtet werden, dass in diesem Fall etwas zurückgegeben würde. Korrekt wäre somit:

```
def hallo():
    i = 1
    if i == 1:
        return True
    else:
        print("tritt nie ein")
        return False
```

4.2.4 Rekursion

Bei der **Rekursion** ruft eine Funktion sich selber auf. Damit sich die Funktion nicht endlos immer wieder selber aufruft, was die gleichen Konsequenzen wie eine Endlosschleife hätte, benötigt sie eine **Abbruchbedingung**, welche diese Folge von Selbst-Aufrufen stoppt.

Um eine Rekursion zu programmieren, müssen zwei Elemente bestimmt werden:

- **Basisfall**: in diesem Fall ist das Resultat der Berechnung schon bekannt. Dieser Fall ist die Abbruchbedingung der Rekursion.
- **Rekursiver Aufruf**: es muss bestimmt werden, wie der rekursive Aufruf geschehen soll.

Beispiel 1: Fakultät Die Berechnung der Fakultät $f(x) = x!$ von x kann mit einer rekursiven Funktion realisiert werden.

- Basisfall: für den Wert 0 wird 1 zurückgegeben.
- Rekursion: $x! = x \cdot (x-1)!$ für $x > 0$.

```
def fakultaet(x):
    if x == 0:                      # Basisfall
        return 1
    else:
        return x * fakultaet(x-1)   # Rekursiver Aufruf
```

Die Funktion kann z.B. wie folgt aufgerufen werden:

```
resultat = fakultaet(9)
print(resultat)

# Ausgabe:
# 362'880
```

Beispiel 2: Fibonacci Ein weiteres beliebtes Beispiel für Rekursionen ist die **Fibonacci-Folge**. Diese unendliche Folge von natürlichen Zahlen beginnt mit 0 und 1. Die danach folgende Zahl ergibt sich jeweils aus der Summe der zwei vorangegangenen Zahlen: Die Folge lautet also $0, 1, 1, 2, 3, 5, 8, \ldots$

Bei der Fibonacci-Folge sind bei jedem Schritt zwei rekursive Aufrufe nötig:

$f(n) = f(n-1) + f(n-2)$ für $n \geq 2$ mit den Anfangswerten $f(1) = 1$ und $f(0) = 0$.

- Basisfall: Für den Fall, dass n gleich 0 oder 1 ist, wissen wir, dass 0 bzw. 1 zurückgegeben werden muss.
- Rekursion: Für alle anderen Fälle rufen wir die Funktion wieder auf, wobei wir den übergebenen Wert um jeweils 1 und 2 verringern.

```
def fibonacci(n):
    if n == 0:        # Basisfall 1
        return 0
    elif n == 1:      # Basisfall 2
        return 1
    else:
        # zwei rekursive Aufrufe
        return fibonacci(n-1) + fibonacci(n-2)
```

Die Funktion kann z.B. wie folgt aufgerufen werden:

```
resultat = fibonacci(0)
print(resultat)

# Ausgabe:
# 0

resultat = fibonacci(6)
print(resultat)

# Ausgabe:
# 8
```

4.3 Gültigkeitsbereich von Variablen

Variablen haben eine **beschränkte Lebensdauer**. Einige Variablen werden erst mit dem Beenden des Programms gelöscht, andere schon früher. Die Zeit, in der eine Variable existiert, nennt man ihre *Lifetime*, der Gültigkeitsbereich einer Variablen ihren *Scope*.

Der **Gültigkeitsbereich einer Variable** bestimmt, in welchen Abschnitten des Codes auf eine Variable **zugegriffen oder diese verändert** werden kann. Ein gutes Verständnis des Gültigkeitsbereichs von Variablen hilft, unerwartetes Verhalten zu vermeiden – etwa durch Namenskonflikte oder den Zugriff auf eine andere Variable als die beabsichtigte.

Es werden zwei Haupttypen von Gültigkeitsbereichen unterschieden:

- **Globaler Gültigkeitsbereich**: Variablen in diesem Gültigkeitsbereich stehen dem *gesamten Code* zur Verfügung und werden erst *beim Programmende gelöscht*.
- **Lokaler Gültigkeitsbereich**: Variablen in diesem Gültigkeitsbereich sind nur für den Code *innerhalb* dieses Gültigkeitsbereichs verfügbar bzw. sichtbar.

Python kennt vier Ebenen des Gültigkeitsbereichs, welche bei der Suche nach einem Variablennamen nacheinander nach der so genannten **LEGB-Regel** durchlaufen werden:

1. **L**ocal (*lokal*),
2. **E**nclosing (*umschliessend*),
3. **G**lobal (*global*),
4. **B**uilt-in (*eingebaut*).

Sollte der Variablenname auf der lokalen Ebene nicht existieren, geht der Interpreter automatisch eine Stufe höher, bis er fündig wird. Findet er auch auf der built-in-Ebene keine passende Variable, wird ein Fehler ausgegeben. Aus Gründen der Übersichtlichkeit fokussieren wir in diesem Kapitel auf den Gültigkeitsbereich von Variablen. Aber die

LEGB-Regel gilt genauso auch für den **Gültikgeitsbereich von Funktionen** (siehe Abschnitt "Umschliessender Gültigkeitsbereich").

4.3.1 Lokaler Gültigkeitsbereich (*Local Scope*)

Variablen, die innerhalb einer Funktion erstellt werden, existieren nur dort. Sobald die Funktion beendet ist, wird die Variable gelöscht. Daher sind Variablen innerhalb von Funktionen standardmässig *nur* **lokal gültig**. Das heisst, ausserhalb der Funktion kann darauf *nicht* zugegriffen werden.

Beispiel: In folgendem Beispiel ist die Variable `lokaleVar` nur innerhalb des lokalen Gültigkeitsbereichs der Funktion `meine_funktion()` gültig und wird anschliessend gelöscht:

```
def meine_funktion():
    # Lokal definierte Variable.
    lokaleVar = "ich bin lokal"
    # Zugriff auf Variable möglich.
    print(lokaleVar)

meine_funktion()
# Zugriff auf Variable NICHT möglich.
print(lokaleVar)

# Ausgabe:
# ich bin lokal
# NameError: name lokaleVar is not defined
```

4.3.2 Umschliessender Gültigkeitsbereich (*Enclosing Scope*)

Dieser Fall tritt bei verschachtelten Funktionen (*nested functions*) auf. Die innere Funktion kann dabei auf die Variablen der äusseren Funktion lesend zugreifen.

Beispiel: In folgendem Beispiel sind zwei Funktionen *ineinander verschachtelt*, was sich auf die Gültigkeitsbereiche der beiden Funktionen auswirkt:

```
aussenVar = "Hallo von GANZ aussen"
def aeussere_funktion():
    # Lokal in äusserer Funktion definierte Variable.
    aussenVar = "Hallo von aussen"

    def innere_funktion():
        # Zugriff auf Variable der äusseren Funktion möglich.
        print(aussenVar)
        # Lokale Variable wird geschrieben.
        innenVar = "Hallo von innen"

    innere_funktion()
    # Zugriff auf Variable der inneren Funktion NICHT möglich.
    # Diese Variable existiert nicht mehr.
    print(innenVar)

aeussere_funktion()
# Zugriff auf innere Funktion NICHT möglich.
# Diese Funktion existiert nicht mehr.
innere_funktion()

# Ausgabe:
# Hallo von aussen
# NameError: name lokaleVar is not defined
# NameError: name 'innere_funktion' is not defined
```

4.3.3 Globaler Gültigkeitsbereich (*Global Scope*)

Variablen auf der obersten Ebene des Programms haben einen **globalen Gültigkeitsbereich**. Dadurch sind sie überall im Programm sichtbar und können von jeder Funktion gelesen werden. Vorsicht ist geboten, wenn lokale und globale Variablen denselben Namen haben.

Beispiel: In folgendem Beispiel kann im ganzen Programm auf eine global definierte Variable zugegriffen werden:

```
# Global definierte Variable.
globalVar = "Ich bin global"

def meine_funktion():
    # Lesender Zugriff möglich.
    print(globalVar)

meine_funktion()
# Lesender Zugriff möglich.
print(globalVar)

# Ausgabe:
# Ich bin global
# Ich bin global
```

Wenn Sie eine globale Variable innerhalb einer Funktion ändern (neu zuweisen) möchten, muss dies *explizit* mit dem Schlüsselwort `global` mitgeteilt werden. Ohne `global` erstellt Python stattdessen eine neue, gleichnamige lokale Variable im Inneren der Funktion.

Beispiel: In folgendem Beispiel wird eine Variable global definiert. In einer ersten Funktion wird eine neue gleichnamige lokale Variable erstellt, welche den globalen Wert nicht ändert. In einer zweiten Funktion wird mittels `global` der global definierte Wert mit einem neuen Wert überschrieben:

```python
# Global definierte Variable
zaehler = 10

def new_lokal():
    # Erstellt eine neue LOKALE Variable mit demselben Namen.
    zaehler = 50

def change_global():
    # Schreibender Zugriff auf globale Variable möglich.
    global zaehler
    # Ändert den GLOBALEN Wert.
    zaehler = 20

new_lokal()
# Ausgabe des global definierten Werts.
print(zaehler)

change_global()
# Ausgabe des geänderten Werts.
print(zaehler)

# Ausgabe:
# 10
# 20
```

In der Praxis sollte die Veränderung von Werten von globalen Variablen in Funktionen vermieden werden. Globale Variablen sollen ausschliesslich für unveränderliche Konstanten genutzt werden (siehe Abschnitt "Fazit über den Umgang mit Gültigkeitsbereichen").

4.3.4 Eingebauter Gültigkeitsbereich (*Built-in Scope*)

Dabei handelt es sich um einen speziellen Bereich, der beim Ausführen eines Programms automatisch geladen wird. Er enthält alle vordefinierten Schlüsselwörter und Funktionen, wie z. B. `print()`, `len()` oder `input()`. Diese müssen nicht importiert oder definiert werden.

4.3.5 Umgang mit Gültigkeitsbereichen in der Praxis

Variablen sollen immer im kleinsten Bereich, in dem sie benötigt werden, definiert werden. Das bedeutet, dass der Weg über eine Funktion mit Parameterübergabe an lokale Variablen und der Rückgabe des Ergebnisses mit `return` einer globalen Definition bevorzugt werden sollte. Dadurch sind die Variablen, die man innerhalb einer Funktion definiert, automatisch nur lokal gültig und haben somit auf andere Variablen ausserhalb der Funktion keinen Einfluss, selbst wenn sie denselben Namen haben. Dies macht Funktionen modular und überall wiederverwendbar.

Durch das Prinzip der **Funktionalen Programmierung** (*functional programming*), bei dem Code vor allem durch Funktionen geschrieben wird, ergeben sich folgende Vorteile:

- kein versehentliches Ändern von Variablen ausserhalb einer Funktion, was Fehler und Seiteneffekten im Programm verhindert,
- der Arbeitsspeicher läuft nicht voll, da nicht mehr verwendete Variablen automatisch gelöscht werden.

4.4 Module

Um nützliche Funktionen und Anweisungen in mehreren Programmen und Projekten verwenden zu können, bietet sich die Möglichkeit, diese in einer **Datei** abzulegen, ohne sie in jedem Programm erneut definieren zu müssen. Eine solche Datei bezeichnet man in Python als **Modul**.

Speichern wir unsere vorher verwendete Funktion `fibonacci` als Modul mit dem selbstgewählten Namen `meinModul.py`, kann sie wie folgt importiert und aufgerufen werden:

```
# importiert das Modul meinModul.py.
import meinModul

# ruft die Funktion fibonacci aus dem Modul meinModul auf.
resultat = meinModul.fibonacci(6)
print(resultat)

# Ausgabe:
# 8
```

4.4.1 Python Standardmodule

Python verfügt über eine Bibliothek von **Standardmodulen**. Diese gehören zur Standardinstallation von Python 3. Will man ein Modul aus dieser Bibliothek verwenden, muss es zunächst importiert werden. An dieser Stelle sollen beispielhaft eine kleine Auswahl von Modulen erwähnt werden. Eine vollständige Liste der Standardmodule von Python sind im Internet zu finden (z.B. unter https://docs.python.org/3/library/).

Modul random

Eine häufig gebrauchte Funktion ist `random()` aus dem Modul *random*. Sie gibt eine **Pseudo-Zufallszahl** in einem definierten Bereich zurück. Mit folgendem Funktionsaufruf kann eine Pseudo-Zufallszahl zwischen 0 und 1 erzeugt und in einem Programm verwendet werden:

```
# importiert das Modul random aus der Standardbibliothek.
import random

# liefert eine Pseudo-Zufallszahl zwischen 0 und 1.
zufall = random.random()
print(zufall)

# Mögliche Ausgabe:
# 0.7657187611883208
```

Häufig benötigt man **ganzzahlige Zufallszahlen**, welche die Funktion `randint` desselben Moduls bereitstellt:

```
import random

# liefert eine ganzzahlige Pseudo-Zufallszahl von 1 bis 6.
zufall = random.randint(1, 6)
print(zufall)

# Mögliche Ausgabe:
# 6
```

Modul statistics

Das Modul *statistics* stellt Funktionen für statistische Auswertungen bereit. Folgendes Programm gibt beispielsweise den Mittelwert (*mean*) der Liste a aus:

```
# importiert das Standardmodul statistics.
import statistics
a = [5.0,4.75,5.5,4.5,5.5]

# liefert den statistischen Mittelwert von a.
print(statistics.mean(a))

# Ausgabe:
# 5.05
```

Modul time

Das Modul *time* stellt verschiedene zeitbezogene Funktionen bereit. Mit der Funktion `localtime` aus dem Modul *time* erhält man zum Beispiel das aktuelle Datum mit Uhrzeit:

```
# importiert das Standardmodul time.
import time

# gibt das aktuelle Datum und Zeit zurück.
print(time.localtime())
```

Mit dem Modul *time* lassen sich Zeitmessungen für Laufzeituntersuchungen von Programmabschnitten durchführen:

```
import time

# misst den Startpunkt der Zeitmessung.
start = time.time()

# Code, dessen Laufzeit gemessen werden soll.

# misst den Endpunkt der Zeitmessung.
end = time.time()

# gibt die Laufzeit zurück.
print(end-start, "s")
```

Mit der Funktion `sleep` aus dem Modul *time* kann der Programmablauf um eine bestimmte Zeit verzögert werden.

```
import time

print("bitte warten...")

# verzögert den Programmablauf um 5 Sekunden.
time.sleep(5.0)

# wird erst nach 5 Sekunden ausgeführt.
print("geschafft!")
```

Modul csv

Der Austausch von Informationen über Textdateien ist eine weit verbreitete Methode, um Informationen zwischen Programmen auszutauschen. Durch das Speichern in Dateien lassen sich Daten über die Laufzeit eines Programms hinaus festhalten. Eines der beliebtesten Formate für den Datenaustausch ist das so genannte CSV-Format (*Comma Separated Values*). Damit lassen sich Daten zum Beispiel aus Tabellenkalkulationen und Datenbanken importieren und exportieren.

Beispiel CSV-Format: Beim CSV-Formt werden Daten zeilenweise und die einzelnen Elemente durch ein Zeichen (häufig ein Komma oder ein Semikolon) getrennt angeordnet. Folgendes Beispiel zeigt 3 mal 3 Elemente gespeichert in der Datei `beispiel.csv`:

```
1.2.2019,5,rot
1.3.2019,6,schwarz
1.4.2019,9,blau
```

Mit folgenden Zeilen können die Daten des CSV-Files in ein Python-Programm eingelesen werden:

```python
# importiert das Standardmodul csv.
import csv

# öffnet die Datei beispiel.csv mit der Funktion open().
with open('beispiel.csv') as csvfile:
    readCSV = csv.reader(csvfile, delimiter=',')
    for row in readCSV:
        print(row[0],row[1],row[2])

# Ausgabe:
1.2.2019 5 rot
1.3.2019 6 schwarz
1.4.2019 9 blau
```

Zunächst wird die CSV-Datei mit der Funktion `open()` geöffnet. In der nächsten Zeile werden die Zeilen in einem `reader`-Objekt abgelegt und die Trennzeichen (hier `delimeter= ','`) entfernt. Mit einer Schleife wird anschliessend zeilenweise auf die einzelnen Elemente zugegriffen.

Modul os

Das Modul *os* gibt Zugriff auf einige Funktionen des verwendeten Betriebssystems (*Operating System*). Mit folgenden Zeilen kann beispielsweise abgerufen werden, mit welchem Betriebssystem Python aktuell ausgeführt wird:

```python
# importiert das Standardmodul os.
import os

print(os.name)
# Ausgabe posix für Linux, Unix und Mac.
# Ausgabe nt für Windows.
```

`getcwd()` zeigt das aktuelle Arbeitsverzeichnis und `listdir()` listet die darin enthaltenen Dateinamen auf.

```
import os

print(os.getcwd())
print(os.listdir())
# Aktuelles Arbeitsverzeichnis z.B. /Users/projectfiles.
# Liste aller Dateien in diesem Verzeichnis.
```

`os.system()` kann benutzt werden, um einen Befehl auf der Kommandozeile auszuführen. Mit `os.system('clear')` kann beispielsweise die Konsolenausgabe gelöscht werden.

4.4.2 Nicht Standardmodule

Bei Programmierprojekten kommen häufig auch Module zum Einsatz, die bei einer Standardinstallation von Python nicht installiert werden. Diese werden in **Bibliotheken** (*libraries*) bereitgestellt und müssen separat installiert werden. Zwei in der Wissenschaftswelt weit verbreitete Bibliotheken sind *NumPy* und *matplotlib*. Falls Sie Code Expert nutzen, sind die beiden Bibliotheken bereits installiert.

Module der Bibliothek NumPy

Die Python-Bibliothek *NumPy* (*Numeric Python*) stellt zahlreiche Funktionen für das effiziente Arbeiten mit **grossen Vektoren und Matrizen** bereit. Die Dokumentation von *NumPy* ist unter `https://numpy.org/doc/` zu finden. Die Bibliothek *NumPy* wird in einem späteren Modul im Detail eingeführt.

Mit *NumPy* kann eine Matrix wie folgt erzeugt werden. Mit `as` kann ein Alias gesetzt werden, so dass der anschliessende Programmcode kürzer gehalten werden kann:

```
# importiert NumPy und benennt es in np um.
import numpy as np

# erstellt eine Matrix der Grösse 4x3 vom Datentyp Integer
# und initialisiert alle Elemente mit 0.
meineMatrix = np.zeros((4,3),int)

# speichert in den Matrix-Elementen der obersten Reihe
# die Werte 5, 4 und 2.
meineMatrix[0,0] = 5
meineMatrix[0,1] = 4
meineMatrix[0,2] = 2

# Ausgabe der Matrix in der Konsole
print(meineMatrix)
```

Lässt man das Programm laufen, erscheint die 4x3-Matrix wie folgt in der Konsole:

```
[[5 4 2]
 [0 0 0]
 [0 0 0]
 [0 0 0]]
```

Modul pyplot der Bibliothek matplotlib

Die Python-Bibliothek *matplotlib* erlaubt es, verschiedene **grafische Darstellungen** anzufertigen. Die Dokumentation von *matplotlib* ist unter `https://matplotlib.org` zu finden.

Da dieses Modul unzählige Darstellungenmöglichkeiten bietet, wird oft bloss ein spezifisches Untermodul verwendet. Mit dem Untermodul `pyplot` der Bibliothek *matplotlib* kann beispielsweise ein **Kurvendiagramm** (*plot*) erstellt werden (Abbildung 4.1).

```python
# importiert pyplot aus der Bibliothek matplotlib
# und benennt es in plt um.
import matplotlib.pyplot as plt

# erstellt aus der Datenreihe ein Kurvendiagramm.
plt.plot([20.3, 21.5, 22.1, 20.8, 21.3, 22.9])

# beschriftet die Achsen des Diagramms.
plt.xlabel('time')
plt.ylabel('temperature')

# stellt das fertige Diagramm am Bildschirm dar.
plt.show()
```

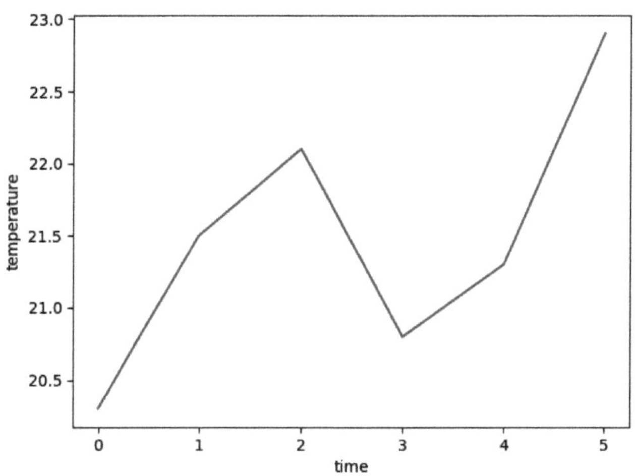

Abbildung 4.1: Beispiel eines Kurvendiagramms mit dem Modul pyplot.

Hinweis für Code Expert-User

In *Code-Expert* kann die Funktion `show()` nicht verwendet werden. Der Plot wird stattdessen mit der Funktion `savefig()` gespeichert.

```
import matplotlib.pyplot as plt

plt.plot([20.3, 21.5, 22.1, 20.8, 21.3, 22.9])

plt.xlabel('time')
plt.ylabel('temperature')

# speichert das Diagramm in einer png-Datei.
plt.savefig("cx_out/out.png")
```

4.5 Modelle und Simulation

Ein Ziel der Wissenschaft ist es, komplexe Systeme wie beispielsweise das Wetter, das Ökosystem *See*, das menschliche Gehirn oder die Volkswirtschaft eines Staates kennenzulernen und ihre Reaktionen auf gewisse Einflüsse vorhersagen zu können. Um mehr darüber zu erfahren, ist es nötig, das System im Experiment verschiedenen Bedingungen auszusetzen. Nicht immer ist es aber möglich, diese Experimente direkt am realen Objekt durchzuführen. Hat das zu untersuchende System beispielsweise die Grösse von Planeten oder ist es so klein wie Moleküle, dauern Veränderungen so lang wie gewisse Evolutionsprozesse oder so kurz wie Neuronenverschaltungen im Gehirn, bietet sich die Möglichkeit, die reale Welt in einem **Computer-Modell** abzubilden. Die Veränderungen eines solchen Modells über die Zeit fallen unter den Begriff **Simulation**.

4.5.1 Modell

Unter dem Begriff **Modell** versteht man eine Interpretation oder Abstraktion der realen Welt. Für Computer-Simulationen ist es notwendig, mathematische Modelle zu erstellen, bei denen eine Abstraktion der realen Welt in eine mathematische Notation notwendig ist. Da die Welt jedoch sehr komplex ist, werden beim Prozess der Modellbildung Annahmen und Vereinfachungen gemacht. Dies führt dazu, dass alle Modelle beschränkt sind, d.h. sie können die reale Welt nicht exakt abbilden. Daher wird oft davon gesprochen, ein **Modell eines Systems** zu erstellen. Unter dem Begriff System versteht man eine abgeschlossene Sammlung von Elementen, die miteinander verbunden sind. Beispiele für Systeme können die Welt, ein Fisch oder ein Protein sein. Da nur ein Ausschnitt der realen Welt modelliert wird, wird die Modellbildung vereinfacht.

Mathematische Modelle wurden entwickelt, bevor es möglich war, diese auf einem Computer zu simulieren. Solche Modelle und ihr Verhalten im Detail zu verstehen, hat auch seine Grenzen. So kann das Verhalten von bestimmten mathematischen Modellen, wie zum Beispiel nichtlinearen dynamischen Modellen ohne Simulationen nicht vollständig analysiert werden. Ein weiteres Beispiel sind chaotische Modelle, bei denen der Zufall eine grosse Rolle spielt. Diese sind ohne Hilfe von Simulationen ebenfalls nicht abschliessend analysierbar.

4.5.2 Simulation

Um **Computer-Simulationen** durchzuführen, ist die Zusammenarbeit von verschiedenen Fachgebieten und Disziplinen erforderlich. Das Modell muss mathematisch beschrieben werden, da es ansonsten nicht mit Hilfe der Informatik als Simulation umgesetzt werden kann. Zusätzlich zu Kenntnissen aus Mathematik und Informatik ist ein tiefes Verständnis der Disziplin, in der man simulieren möchte, unerlässlich. Denn ohne Wissen aus dieser Disziplin ist es schwierig, das Modell korrekt zu erstellen oder die Ergebnisse der Simulation zu interpretieren. Abbildung 4.2 zeigt, welche Fachdisziplinen bei welchen Bestandteilen einer Simulation mitwirken.

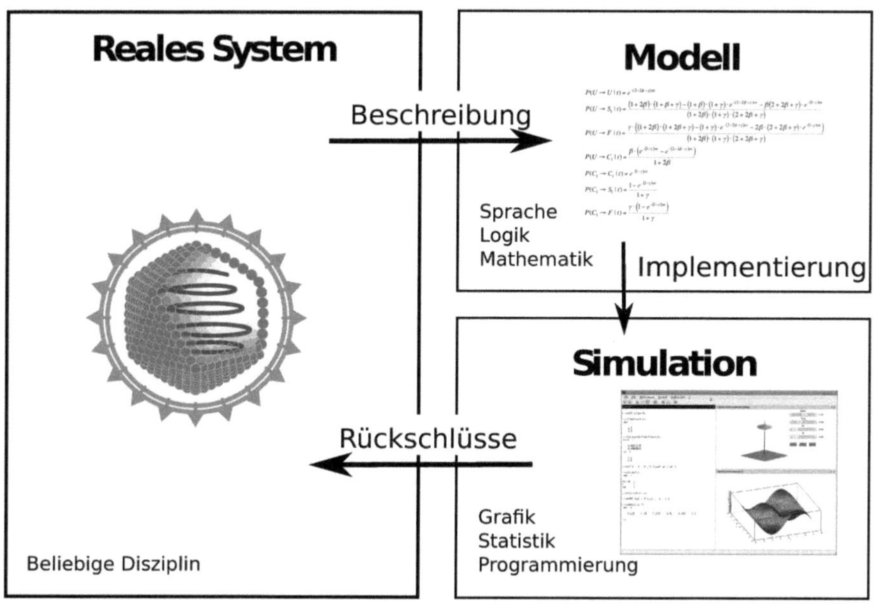

Abbildung 4.2: Modellierung und Simulation realer Systeme.

Simulationen dienen dazu, das Verhalten von Systemen zu analysieren. Hierfür muss man zuerst ein **mathematisches Modell** dieses Systems erstellen. Dieses mathematische Modell kann dann als Simulation implementiert werden. Bei der Implementierung eines Modells wird dieses von der mathematischen Sprache in eine Notation umgewandelt, die ein Computer interpretieren kann. Dies kann eine Darstellung des Modells in einer Programmiersprache (z.B. Python) sein. Nachdem das mathematische Modell im Computer implementiert wurde, kann es simuliert werden. Dabei wird das Modell mit verschiedenen **Eingabeparametern** gestartet, um das Verhalten des Modells über eine Zeit zu analysieren. Eine Simulation wird also durch die Eingabeparameter und das implementierte mathematische Modell definiert. Die Simulation selbst wird vom Computer automatisch durchgeführt, wobei die Ergebnisse protokolliert werden, sodass sie nachträglich analysiert werden können. Um das Verhalten des Systems visuell zu analysieren, kommen visuelle Darstellungen der Resultate zum Einsatz. Das Ziel von Simulationen kann sein, dass man mehr über das Verhalten des modellierten Systems verstehen oder verschiedene Strategien für die Funktionsweise des Systems vergleichen will.

Nach der Durchführung einer Simulation ist es notwendig, die Daten der Simulation zu validieren. Eine Möglichkeit die Daten zu validieren, ist der Vergleich mit Daten, welche in Experimenten gewonnen wurden. Dieses Zusammenspiel ist in Abbildung 4.3 dargestellt. Die Datenvalidierung ist erforderlich, damit die Ergebnisse nicht falsch oder überinterpretiert werden und man die Grenzen der Simulation und des Modells erkennt. Die Methodik des Modellierens und Simulierens hat verschiedene Fehlerquellen, die nicht vernachlässigt werden dürfen. Die grösste Fehlerquelle liegt meist im Prozess der Modellbildung. Man darf nicht vergessen, dass ein Modell nur eine reduzierte Abbildung der Wirklichkeit ist. Daher kann ein Modell nur Aussagen über die Aspekte liefern, die bei der Modellbildung berücksichtigt wurden. Eine weitere Fehlerquelle ist die Implementierung des mathematischen Modells, da Computer Einschränkungen mit sich bringen. So ist zum Beispiel der Zahlenraum von Computern endlich, was zu verschiedenen numerischen Problemen führen kann. Die im Dezimalsystem endliche Zahl 0.2 führt zum Beispiel im Binärsystem zur periodischen Zahl 0.00110011..., wodurch Rundungsfehler in den Rechnungen auftreten können.

Simulationspipeline

Das Erstellen einer Simulation ist ein komplexer Prozess, der aus mehreren Schritten besteht, welche typischerweise mehrfach durchlaufen werden müssen[1]:

1. **Modellbildung**: Ein Ausschnitt aus der realen Welt wird bestimmt und als Modell mit Worten beschrieben.

[1] H.-J. Bungartz, S. Zimmer, M. Buchholz und D. Pflüger, Modellbildung und Simulation, Heidelberg: Springer Spektrum, 2013.

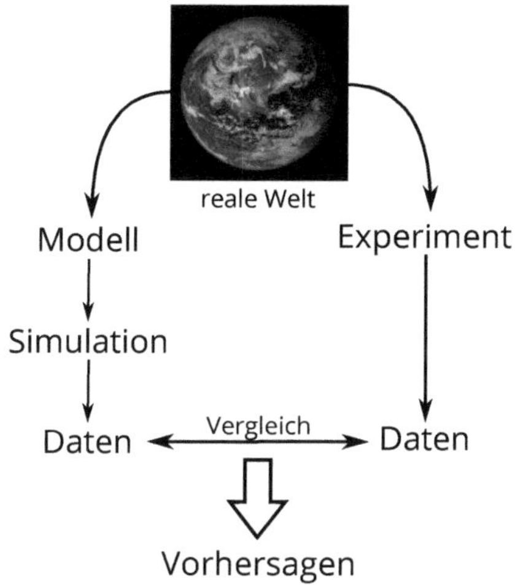

Abbildung 4.3: Zusammenspiel von Simulation und Experiment.

2. **Berechnung**: Das Modell wird aufbereitet (z.B diskretisiert). Dadurch wird es mathematisch berechenbar.
3. **Implementierung**: Die Berechnungen werden implementiert und als Code geschrieben.
4. **Visualisierung**: Die Ergebnisse der einzelnen Simulationsdurchläufe werden visualisiert und interpretiert.
5. **Validierung**: Die Simulationsergebnisse müssen auf ihre Verlässlichkeit hin kritisch geprüft und Fehlerquellen identifiziert werden. Diese können z.B. im Modell, im Algorithmus, im Code oder bei der Interpretation der Resultate liegen. Dies kann ein Abgleich mit realen Experimentdaten oder anderen Modellen sein.
6. **Einbettung**: Simulationen finden meistens in einem Kontext statt (z.B. Forschung, Produktion, etc.) und müssen in diesen integriert werden.

4.5.3 Zellulären Automaten als Simulationswerkzeug

Zelluläre Automaten (engl. *Cellular Automaton* oder *CA*) dienen der randomisierten Modellierung und Simulation von dynamischen Systemen und werden in vielen Fachgebieten angewendet (Biologie, Physik, Wirtschaft, etc.). Ein grosser Vorteil von zellulären Automaten liegt darin, dass auch komplexe Phänomene ohne tiefgreifende mathematische Kenntnisse im Bereich der partiellen Differentialgleichungen simuliert werden können.

Zelluläre Automaten bestehen typischerweise aus folgenden Elementen[2]:

1. **Spielfeld aus Zellen**: Im einfachsten Fall werden quadratische Zellen ähnlich einem Schachbrett zweidimensional angeordnet. Zellen können von Spielfiguren besetzt werden. Diese Spielfiguren sind Stellvertreter für Lebewesen, Moleküle, Fahrzeuge, etc.
2. **Zustände**: Jede Zelle hat zu jeder Zeit einen konkreten Zustand. Im einfachsten Fall gibt es nur zwei Zustände 0 oder 1 (z.B. für gesund/krank, lebendig/tot, etc.).
3. **Startkonfiguration**: Beim Start der Simulation werden die Zellen des Spielfeldes mit Zuständen belegt. Dieser Ausgangspunkt der Simulation wird auch Generation 0 genannt.
4. **Nachbarschaft**: Regeln zur Veränderung der Zellzustände (Übergang von einem Zustand in den anderen) wird durch die Nachbarschaft bestimmt und bleiben über die ganze Simulation gleich. Im einfachsten Fall wird eine Zelle von den vier direkt angrenzenden Zellen beeinflusst. Spezielle Regeln gelten für die Randzellen.
5. **Mehrere Generationen**: Ausgehend von der Generation 0 läuft eine Simulation eine bestimmte Zeit und produziert eine bestimmte Anzahl von Generationen.

In Abbildung 4.4 ist ein Beispiel eines Zellulären Automaten zu sehen, der die Wärmeausbreitung in einem Metallstab simulieren könnte (Aufgabe aus dem Modul "Matrizenrechnen").

20	20	20	20	20
20	**90**	**90**	**90**	20
20	20	20	20	20
20	20	20	20	20
20	20	20	20	20

Abbildung 4.4: Beispiel eines zellulären Automaten. Jede Zelle hat als Zustand eine bestimmte Temperatur (z.B. 20 Grad, gewisse Zellen in der Nähe der Wärmequelle 90 Grad). Die Temperatur wird von den vier direkten Nachbarzellen beeinflusst. Die Temperatur der schwarz eingefärbten Zelle beeinflusst die vier grau eingefärbten Zellen. Deshalab wird sich die Temperatur der Zelle im nächsten Durchgang erhöhen.

[2] D. Scholz, Pixelspiele, Berlin Heidelberg: Springer Spektrum, 2014.

4.5.4 Game Loop Pattern

Die **Game Loop** (*Spielschleife*) ist ein klassisches Programmiermuster, das vor allem in der Spielentwicklung, aber auch bei Simulationen genutzt wird. Ziel der Game Loop ist, Benutzereingaben zu verarbeiten und Animationen stetig fortzusetzen, ohne dabei anzuhalten und zu warten.

Die Struktur besteht typischerweise aus einer Schleife, die folgende Funktionen aufruft:

- `setup()`: Wird exakt einmal zu Beginn aufgerufen. Hier werden Startwerte definiert und alle notwendigen Vorbereitungen getroffen.
- `update()`: Verantwortlich für die Logik. Nimmt den aktuellen Zustand entgegen, berechnet den nächsten Zustand und gibt den aktualisierten Zustand zurück.
- `output()`: Nimmt den veränderten Zustand und stellt ihn als Datei oder auf einer grafischen Oberfläche oder in der Konsole dar.

Folgendes Programm zeigt eine einfache Form einer Game Loop:

```
import time

def setup():
    # Einmalige Initialisierung:
    # Setzen der Startwerte.
    print("Starte Setup...")
    state = True
    count = 0
    stop = int(input("Dauer? "))
    return count, state, stop

def update(count, state, stop):
    # Aktualisierung: Berechnungen,
    # Logik und Zustandsänderungen.
    count+=1
    if count == stop:
      state = False
    return count, state

def output(state, count):
    # Konsolenausgabe auf dem Bildschirm.
    print("Aktueller Wert:", count, state)

# Programmstart
count, state, stop = setup()
output(count, state)

# Game Loop
while state == True:
    count, state = update(count, state, stop)
    output(count, state)
    # Simuliert eine Pause von 1 Sekunde.
    time.sleep(1)

# Ausgabe:
# Starte Setup...
# Dauer? 3
# Aktueller Wert: True 0
# Aktueller Wert: True 1
# Aktueller Wert: True 2
# Aktueller Wert: False 3
```

Erklärung zum Programm: Die Funktion `setup()` wird beim Programmstart einmalig aufgerufen, um die Ausgangswerte zu definieren. Die Startwerte der Variablen `state`, `count` und `stop` werden gesetzt und an das Hauptprogramm übergegeben. Anschliessend startet eine `while`-Schleife, welche die Funktionen `update()` und `output` so oft aufruft, bis sie abgebrochen wird. Um die Entwicklung der einzelnen Durchläufe visuell besser beobachten zu können, wird das Programm bei jedem Durchlauf kurz pausiert.

Selbstständiger Teil

4.6 Überblick

Der selbstständige Teil dieses Moduls besteht aus folgenden Teilen:

- Teil A: Bowling
- Teil B: Schere-Stein-Papier-Spiel
- Teil C: Pandemie-Simulation

4.7 Teil A: Bowling

4.7.1 Einführung

Bei dieser ersten Aufgabe soll das Konzept der verschachtelten Listen geübt werden, um 2-dimensionale Strukturen zu verarbeiten.

Beim Bowling werden die Resultate typischerweise in einer Tabelle aufgeschrieben und ausgewertet. Aufgeschrieben wird die Anzahl umgeworfener Pins jeder Runde. Es sind somit Zahlen zwischen 0 (keiner getroffen) und 10 (alle getroffen, ein sogenannter *Strike*) möglich.

4.7.2 Programmanforderungen

Ihr Programm soll die Resultate von 3 Spielenden über 5 Runden hinweg aufnehmen und auswerten (siehe Tabelle 4.1). Zum Speichern der Resultate wird eine **verschachtelte Liste** und zur Berechnung der Summen eine **einfache Liste** benötigt.

4.7.3 Zwischenschritte

Gehen Sie wie folgt vor:

- **Listen bereitstellen:** Stellen Sie mittels Listen-Abstraktion eine verschachtelte Liste `resultate` mit $m \times n$ Elementen (m= Anzahl Spielende und n= Anzahl

	Spieler		
	1	2	3
1. Runde	4	6	2
2. Runde	2	8	0
3. Runde	10	2	5
4. Runde	3	4	5
5. Runde	6	8	10
Summe	25	28	22

Tabelle 4.1: Resultate eines Bowlingspiels.

Runden) und dem Einheitswert 0 sowie eine Liste `summen` mit n Elementen und Einheitswert 0 bereit.

Mögliche Ausgabe:

```
Punkte der 3 Spielenden über 5 Runden:
[[0,0,0,0,0],[0,0,0,0,0],[0,0,0,0,0]]

Totalpunkte:
[0,0,0]
```

- **Einlesen der Resultate:** Lesen Sie die Resultate in die Liste `resultate` ein. Es sollen in jeder Runde die Punkte für jeden Spielenden eingegeben werden können.

> **Tipp:** Setzen Sie hierfür die Funktion `input` zusammen mit der Speicherung der Werte in der geschachtelten Liste in eine geschachtelte Schleife.

> **Alternative:** Setzen Sie randomisierte Werte ein (siehe Theorie-Teil des nächsten Moduls).

Mögliche Ausgabe:

```
Runde 1
Spieler 1
Wert: 4
Spieler 2
Wert: 6
Spieler 3
Wert: 2
Runde 2
...
```

- **Berechnen der Resultate:** Hier soll in der Liste `summen` die Summe der Punkte jeder einzelnen spielenden Person gespeichert werden.
- **Ausgeben der Resultate:** Geben Sie die Punktetabelle (`resultate`) und die Summen (`summen`) auf dem Bildschirm aus.

Mögliche Ausgabe:

```
Punkte der 3 Spielenden über 5 Runden:
[[4, 4, 5, 3, 5], [6, 7, 9, 5, 7], [7, 3, 7, 7, 4]]

Totalpunkte:
[21, 34, 28]
```

Tipp: Um bei `print()` mehrere Elemente in einer Zeile auszugeben, kann mit `end=" "` der Zeilenumbruch unterdrückt werden (siehe Theorie-Teil).

4.7.4 Erweiterungen

- Erweitern Sie Ihr Programm für beliebig viele Spielende und beliebig viele Runden.
- Ersetzen Sie den Input durch randomisierte Werte.
- Geben Sie am Ende aus, wer wie viele Strikes geschafft hat, und wie oft jede Person keinen Pin getroffen hat.
- Geben Sie aus, wer die meisten Punkte hat.
- Berechnen Sie, in welcher Runde die Spielenden ihren ersten Strike geschafft haben, und geben Sie das Resultat am Bildschirm aus.

4.8 Teil B: Schere-Stein-Papier-Spiel

4.8.1 Einführung

Beim Spiel *Schere-Stein-Papier* (oder auch *Schnick-Schnack-Schnuck*) stehen sich zwei Spielende gegenüber und wählen gleichzeitig je eines von drei möglichen Figuren *Schere*, *Stein* oder *Papier* in Form eines Handzeichens (Abbildung 4.1). Dabei gibt es die folgenden Gewinner:

- *Stein* schlägt *Schere*,
- *Schere* schlägt *Papier*,
- *Papier* schlägt *Stein*.

Zeigen beide Spielenden dieselbe Figur, endet der Spielzug unentschieden. Das Spiel wird über mehrere Runden gespielt. Wer die meisten Spielzüge gewinnt, gewinnt das Spiel.

Abbildung 4.1: Figuren und Handzeichen des Spiels Schere-Stein-Papier (Abbildung VonEnzoklop,CCBY-SA3.0,https://commons.wikimedia.org/w/index.php?curid=27958795).

4.8.2 Aufgabenstellung und Programmanforderungen

Sie haben die Aufgabe, ein *Schere-Stein-Papier*-Spiel zu implementieren, welches folgende Anforderungen erfüllt:

- Es kann bestimmt werden, wie viele Runden gespielt werden.

- Die gespielten Figuren werden zufällig bestimmt.
- Es wird ermittelt, wer das Spiel gewonnen hat.
- Sämtliche Funktionalitäten sind als Funktionen geschrieben.
- Innerhalb von Funktionen werden lokale Variablen verwendet.
- Nutzen Sie keine globalen Variablen.

Mögliche Ausgabe:

```
Wie viele Runden? 5
Spieler 1: Stein, Stein, Schere, Papier, Schere
Spieler 2: Papier, Stein, Papier, Papier, Stein
Spieler 1: 0, 0, 1, 0, 0
Spieler 2: 1, 0, 0, 0, 1
Spieler 2 hat gewonnen
1 : 2
```

Achten Sie bei dieser Aufgabe auf folgende Punkte:

- **Programmbereiche:** Beachten Sie die drei Programmbereiche *Importteil*, *Funktionsteil* und *Hauptprogramm*.
- **Leere Funktionen:** In den noch leeren Funktionen steht der Platzhalter `pass`. Ersetzen Sie diesen Befehl durch Ihren Programmcode.
- **Globale oder lokale Variablen:** Nutzen Sie innerhalb von Funktionen nur lokale Variablen. Benötigt eine Funktion Werte einer globalen Variable, versuchen Sie diese in der Funktion aus den vorliegenden Informationen abzuleiten (z.b. mit `len()`). Falls das nicht geht, fügen Sie einen Funktionsparameter ein.
- **Testfälle nutzen (nur Code Expert-User):** Achten Sie bei dieser Aufgabe besonders auf die Testfälle, die bei jeder Programmausführung automatisch ausgeführt werden. Schauen Sie sich dafür das Resultat im Tab “Test Results” am unteren Bildschirmrand an. Im Folgenden wird jeweils angegeben, welcher Testfall ein bestimmtes Kriterium prüft.

4.8.3 Ausgangssituation

Bei dieser Aufgabe erhalten Sie einen Ausgangscode, bestehend aus folgendem Programmgerüst:

Importteil:

Enthält die Import-Anweisungen. Ist zu Beginn noch leer.

Funktionsteil:

Enthält als Grundgerüst folgende **5 Funktionen**:

- `spielzug()`: noch leer, keine Eingangsparameter, siehe Schritt 2.
- `ausgabe()`: noch leer, 2 Eingangsparameter, siehe Schritt 3.
- `ermittle_punkte()`: noch leer, 4 Eingangsparameter, siehe Schritt 4.
- `spiel()`: Anzahl Runden als Eingangsparameter, enthält folgende Anweisungen:
  - Stellt für jede:n Spieler:in je eine Liste mit den gespielten Figuren und den erreichten Punkten bereit.
  - Ruft für jede Spieler:in so oft `spielzug()` auf, wie Runden gespielt werden und speichert die gespielten Figuren in die Liste.
  - Ruft für jede Spieler:in `ausgabe()` auf und übergibt die gespielten Figuren.
- `ermittle_gewinner()`: noch leer, 2 Eingangsparameter, siehe Schritte 5 bis 7.

Hauptprogramm:

- Variable `runden` mit 0 initialisiert.
- Funktionsaufruf `spiel()`, wobei `runden` als Funktionsparameter übergeben wird.

4.8.4 Mögliche Zwischenschritte

Die Zwischenschritte der Aufgabe im Überblick:

- Schritt 1: Benutzereingabe für Anzahl Runden
- Schritt 2: Funktion für zufälligen Spielzug
- Schritt 3: Funktion zur Ausgabe der Spielzüge
- Schritt 4: Funktion zur Bewertung einzelner Spielzüge
- Schritt 5: Funktion zur Ermittlung des Gewinners

Schritt 1: Benutzereingabe für Anzahl Runden (Code Expert Testfall 1)

Schreiben Sie im Hauptprogramm eine **Benutzereingabe** für die Anzahl zu spielenden Runden. Dies wird vom Testfall 1 geprüft.

Mögliche Ausgabe:

```
Wie viele Runden? 5
```

Schritt 2: Funktion für zufälligen Spielzug (Testfall 2)

Schreiben Sie die Funktion `spielzug()`, die mit derselben Wahrscheinlichkeit `"Schere"`, `"Stein"` oder `"Papier"` zurückgibt. An der Ausgabe des Programms ändert sich noch nichts.

Schritt 3: Funktion zur Ausgabe der Spielzüge (Testfall 3)

Schreiben Sie die Funktion `ausgabe()`, die eine Liste mit den gespielten Figuren für jede:n Spieler:in ausgibt. Eingangsparameter sind `name` und `liste`.

Mögliche Ausgabe:

```
Wie viele Runden? 5
Spieler 1: Schere, Papier, Schere, Stein, Schere
Spieler 2: Papier, Papier, Stein, Papier, Papier
```

Schritt 4: Funktion zur Bewertung einzelner Spielzüge (Testfall 4)

Schreiben Sie die Funktion `ermittle_punkte()`, welche die einzelnen Spielzüge bewertet und die erreichten Punkte für jede der Spielenden in je einer Liste speichert. Eingangsparameter sind die Listen `spieler_1`, `punkte_spieler_1`, `spieler_2`, `punkte_spieler_2`.

Rufen Sie die neue Funktion in der Funktion `spiel()` auf, damit die Punkte für jede Runde berechnet werden. Rufen Sie anschliessend die Funktion `ausgabe()` mit den berechneten Punkten für die beiden Spielenden auf, um die Resultate in der Konsole anzuzeigen.

Mögliche Ausgabe:

```
Wie viele Runden? 5
Spieler 1: Schere, Papier, Schere, Stein, Schere
Spieler 2: Papier, Papier, Stein, Papier, Papier
Spieler 1: 1, 0, 0, 0, 1
Spieler 2: 0, 0, 1, 1, 0
```

Schritt 5: Funktion zur Ermittlung des Gewinners (Testfälle 5 bis 7)

Schreiben Sie die Funktion `ermittle_gewinner()`, die bestimmt, wer das Spiel gewonnen hat. Eingangsparameter sind die beiden Listen `punkte_spieler_1` und `punkte_spieler_2`.

Berechnen Sie für jede der Spielenden das Total der erreichten Punkte und geben Sie aus, wer gewonnen hat. Rufen Sie die neue Funktion in der Funktion `spiel()` auf.

Mögliche Ausgabe:

```
Wie viele Runden? 5
Spieler 1: Schere, Stein, Stein, Schere, Stein
Spieler 2: Schere, Schere, Stein, Papier, Schere
Spieler 1: 0, 1, 0, 1, 1
Spieler 2: 0, 0, 0, 0, 0
Spieler 1 hat gewonnen
3 : 0
```

4.8.5 Erweiterungen

Bei einer **Monte-Carlo-Simulation** werden eine grosse Anzahl gleichartiger Zufallsexperimente durchgeführt und statistisch ausgewertet (siehe Theorie-Teil in einem späteren Modul).

- Erweitern Sie Ihr Schere-Stein-Papier-Spiel aus dem letzten Modul zu einer Monte-Carlo-Simulation, in dem Sie mindestens eine spielende Person durch den Computer spielen lassen, viele Experimente durchführen und auswerten.
- Berechnen Sie ein paar statistische Grössen, um die Resultate vergleichen zu können.
- Testen Sie verschiedene Strategien, wie z.B.:
  - Spieler 2 wählt immer diejenige Figur, die Spieler 1 ein Spielzug vorher gespielt hat.
  - Spieler 2 wechselt die Figur, sobald er ein Spielzug verloren hat.
  - etc.

4.9 Teil C: Pandemie-Simulation

4.9.1 Einführung und Übersicht

Bei dieser dritten Modul-Aufgabe werden Sie die **Ausbreitung einer ansteckenden Krankheit** (z.B. Grippevirus) in einer Population mittels **zellulärer Automaten** simulieren. Dabei werden Sie Funktionen in einer **Game-Loop** schreiben, Python Standardmodule einsetzen und Zeitintervalle mittels 2-dimensionale Listen abbilden. Einige Elemente können aus dem *Game of Life* im E.Tutorial® übernommen werden.

4.9.2 Aufgabenstellung

Die Pandemie-Simulation soll folgende Anforderungen erfüllen (Abbildung 4.2):

- Die Population besteht aus einem 2-dimensionalen Spielfeld (auch *Gitter* oder *Grid*) der **Grösse 50x50 plus Rand**.
- Ein einzelnes Feld stellt ein Individuum dar.
- Ein Individuum kann folgende **Zustände** haben:
  - **Wert 0**: Das Individuum ist *gesund* und *ansteckbar*.
  - **Werte 1 bis 7**: Das Individuum ist *erkrankt* und *ansteckend*. Die Zahl zeigt an, wie lange ein Individuum bereits krank ist.
  - **Wert 8**: Das Individuum ist *genesen* und *nicht mehr ansteckbar* (immun).
- Für jede Zeiteinheit (z.B. Tag) wird neu berechnet, ob ein Individuum angesteckt wird oder nicht.
- Die Ansteckung geschieht mit einer definierten Wahrscheinlichkeit von einem infizierten Individuum auf ihre direkten vier Nachbarzellen (siehe Abbildung 4.2).

4.9.3 Ausgangssituation

Bei dieser Aufgabe erhalten Sie als Grundgerüst ein Code-Skelett in Form einer **Game-Loop** aus den **4 Funktionen** `setup()`, `output()`, `count()` und `update()` sowie eine Variable `grid` im Hauptprogramm.

4.9.4 Zwischenschritte

Eine Grundversion der Pandemie-Simulation kann in folgenden Zwischenschritten erstellt werden:

- Schritt 1: Spielfeld mit Ausgangssituation erstellen
- Schritt 2: Alle Individuen werden krank

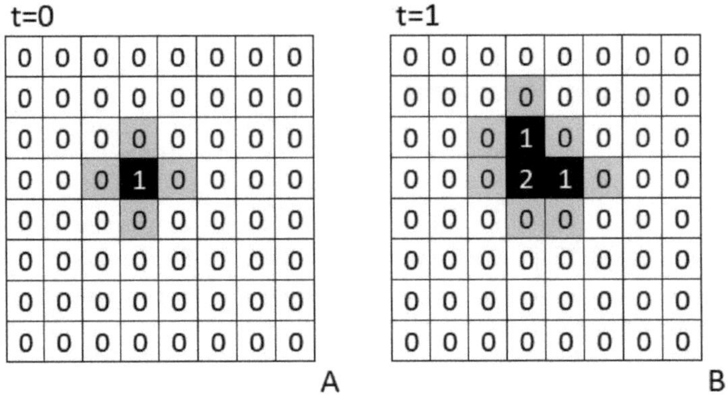

Abbildung 4.2: Pandemie-Simulation als zellulärer Automat (verkleinerte Darstellung). In Gitter A (Ausgangssituation t=0) ist ein Individuum erkrankt (Wert=1). Vier direkte Nachbarzellen (grau eingefärbt) können mit einer Wahrscheinlichkeit p angesteckt werden. In der nächsten Zeiteinheit (t=1) sind zwei weitere Individuen infiziert worden. Der Zustand der in Gitter A erkrankten Zelle hat auf den Wert 2 gewechselt. In Gitter B sind nun potentiell 7 Individuen ansteckbar.

- Schritt 3: Simulation läuft eine bestimmte Zeit
- Schritt 4: Zufall einbauen
- Schritt 5: Zustände werden für nächste Zeiteinheit übernommen
- Schritt 6: Ansteckung einbauen
- Schritt 7: Genesung und Immunität einbauen
- Schritt 8: Zählung durchführen und grafisch darstellen

Schritt 1: Spielfeld mit Ausgangssituation erstellen (Testfälle 2 bis 4)

Als Erstes erstellen wir ein Spielfeld in Form eines Gitters, welches in der Simulation unsere Population repräsentieren soll. Der Grundzustand eines Individuums ist gesund und ansteckbar (Zustand=0).

- Erstellen Sie in der Funktion `setup()` eine geschachtelte Liste `A` der Grösse 52x52 (50x50 plus Rand von der Breite einer Zelle).
- Setzen Sie alle Listen-Elemente auf den Wert 0 (=*gesund* und *ansteckbar*).
- Geben Sie die Liste `A` mit `return` zurück.
- Rufen Sie die Funktion `setup()` im Hauptprogramm auf und speichern Sie die zurückgegebene Liste unter dem Namen `grid`.

Programmieren Sie die vorgegebene Funktion `output()` so aus, dass das Spielfeld *ohne*

Randzellen auf der Konsole geprintet wird:

- Rufen Sie die Funktion im Hauptprogramm auf und übergeben Sie die Liste `grid`.
- Nutzen Sie zwei verschachtelte Schleifen um die Liste zu printen.
- Geben Sie die Zeitinheit `Tag 0` auf der Konsole aus.

Mögliche Ausgabe: Ausgabe des Gitters `grid` in der Konsole nach dem Funktionsaufruf von `output()` (hier verkleinert auf die Grösse 8x8):

```
Tag 0
0 0 0 0 0 0 0 0
0 0 0 0 0 0 0 0
0 0 0 0 0 0 0 0
0 0 0 0 0 0 0 0
0 0 0 0 0 0 0 0
0 0 0 0 0 0 0 0
0 0 0 0 0 0 0 0
0 0 0 0 0 0 0 0
```

Schritt 2: Alle Individuen werden krank (Testfälle 5 bis 7)

Nach einer ersten Zeiteinheit sollen alle Individuen auf den Wert 1 (=*infiziert*) gesetzt werden. Dies erledigen wir in der Funktion `update()`. Die Werte zu Beginn dieser Zeiteinheit übergeben wir an Gitter `A`. Die Werte *nach* dieser Zeiteinheit speichern wir in einem neuen Gitter `B`. Dieses Gitter dient uns zum Speichern der Resultate eines Zeitschrittes, bevor wir die Werte als Ausgangspunkt für den nächsten Zeitschritt mit `return` ins Hauptprogramm zurückgeben und dort ins Gitter `grid` zurückspeichern (siehe Abbildung 4.2).

- Erstellen Sie eine neue Funktion `update()` mit einem neuen lokalen Resultate-Gitter `B` der gleichen Grösse wie `A`.
- Setzen Sie alle Elemente von `B` *ohne* Randzellen auf den Wert 1 (der Rand soll 0 bleiben).
- Rufen Sie die Funktion `update()` im Hauptprogramm auf und übergeben Sie das `grid` als Parameter. Geben Sie die Werte von `B` zurück ins Hauptprogramm und aktualisieren Sie damit die Werte von `grid`.
- Geben Sie im Hauptprogramm die geänderten Werte von `grid` erneut mit `output()` in der Konsole aus und ergänzen Sie die entsprechende Zeiteinheit.

Mögliche Ausgabe: Zweimalige Ausgabe des Gitters `grid` mit der Funktion `output()` vor und nach dem Funktionsaufruf von `update()` (verkleinerte Darstellung von `grid`):

```
Tag 0
0 0 0 0 0 0 0 0
0 0 0 0 0 0 0 0
0 0 0 0 0 0 0 0
0 0 0 0 0 0 0 0
0 0 0 0 0 0 0 0
0 0 0 0 0 0 0 0
0 0 0 0 0 0 0 0
0 0 0 0 0 0 0 0

Tag 1
1 1 1 1 1 1 1 1
1 1 1 1 1 1 1 1
1 1 1 1 1 1 1 1
1 1 1 1 1 1 1 1
1 1 1 1 1 1 1 1
1 1 1 1 1 1 1 1
1 1 1 1 1 1 1 1
1 1 1 1 1 1 1 1
```

Eine erste Veränderung ist bereits zu sehen. Alle Individuen werden auf einen Schlag krank (Zustandswert=1).

Schritt 3: Simulation läuft eine bestimmte Zeit (Testfall 8 und 9)

Nun kommt die Zeitreihe ins Spiel. Die Funktionsaufrufe von `update()` und `output()` sollen eine bestimmte Anzahl Mal wiederholt werden.

- Definieren Sie eine neue Variable (z.B. `tEnd`) und setzen Sie sie auf einen Wert (z.B. 10).
- Wiederholen Sie den Funktionsaufruf `update()` und der zweite Aufruf von `output()` mit einer Schleife so oft, wie in der Variable `tEnd` definiert.
- Passen Sie die Zeitangaben entsprechend an, indem Sie die Laufvariable nutzen.

Konsoleninhalt nach jedem Zeitschritt mit Zeitverzögerung löschen:

Um die Konsole nach jedem Zeitschritt zu löschen und die berechneten Werte mit einer Zeitverzögerung anzuzeigen, können sie bei jedem Schritt `sleep` des Moduls `time` mit der Variable `delay = 1` einsetzen und die Konsolenausgabe mit `clear` des Moduls `os` löschen. Damit Sie berechnete Werte überprüfen können, kann es aber auch hilfreich sein, den `clear` Befehl zwischenzeitlich auszukommentieren oder `delay` auf 0 zu setzen. Auch zum Laufenlassen der Tests sollten Sie den Delay auf 0 setzen (sonst laufen die Tests möglicherweise sehr lange).

Mit folgendem Code wird der Text `Hallo Nr.` gefolgt von der Nummer zehn Mal ausgegeben und die Konsolenausgabe mit einer zeitlichen Verzögerung gelöscht:

```
import time
import os

delay = 1
for i in range(0,10):
  print("Hallo Nr.", i+1)
  time.sleep(delay)
  os.system('clear')
```

Mögliche Ausgabe: Ausgabe des Gitters `grid` über die Zeit. Noch erkranken alle Individuen nach dem ersten Zeitschritt, die Dauer kann über eine Variable eingestellt werden (die Zeitschritte 2 bis 9 sind nicht dargestellt):

```
Tag 0
0 0 0 0 0 0 0 0
0 0 0 0 0 0 0 0
0 0 0 0 0 0 0 0
0 0 0 0 0 0 0 0
0 0 0 0 0 0 0 0
0 0 0 0 0 0 0 0
0 0 0 0 0 0 0 0
0 0 0 0 0 0 0 0

Tag 1
1 1 1 1 1 1 1 1
1 1 1 1 1 1 1 1
1 1 1 1 1 1 1 1
1 1 1 1 1 1 1 1
1 1 1 1 1 1 1 1
1 1 1 1 1 1 1 1
1 1 1 1 1 1 1 1
1 1 1 1 1 1 1 1
...

Tag 10
1 1 1 1 1 1 1 1
1 1 1 1 1 1 1 1
1 1 1 1 1 1 1 1
1 1 1 1 1 1 1 1
1 1 1 1 1 1 1 1
1 1 1 1 1 1 1 1
1 1 1 1 1 1 1 1
1 1 1 1 1 1 1 1
```

Schritt 4: Zufall einbauen (Testfall 10 und 11)

In einer nächsten Version sollen nur noch gewisse Individuen mit einer **bestimmten Wahrscheinlichkeit** erkranken.

- Führen Sie für die Ansteckungswahrscheinlichkeit eine neue (globale) Variable (z.B. `p`) ein und setzen Sie sie auf einen Wert (z.B. 0.25).

- Setzen Sie in der Funktion `update()` den Wert 1 nur noch mit einer Wahrscheinlichkeit von `p`. Übergeben Sie hierzu `p` an `update()`.

Tipp: So führen Sie eine Anweisung mit einer bestimmten Wahrscheinlichkeit `p` aus:

```
import random

p = 0.5
if random.random() < p:
    # Anweisung wird mit der
    # Wahrscheinlichkeit p ausgeführt.
```

Mögliche Ausgabe: Bei jedem Durchgang wird für alle Individuen neu bestimmt, ob Sie angesteckt werden (p = 0.25, die Resultate einiger Zeitschritte sind nicht dargestellt):

```
Tag 0
0 0 0 0 0 0 0 0
0 0 0 0 0 0 0 0
0 0 0 0 0 0 0 0
0 0 0 0 0 0 0 0
0 0 0 0 0 0 0 0
0 0 0 0 0 0 0 0
0 0 0 0 0 0 0 0
0 0 0 0 0 0 0 0

Tag 1
1 0 0 0 0 0 1 0
0 0 1 0 0 1 0 0
0 1 0 1 1 0 0 0
0 0 0 0 0 1 0 1
0 0 0 0 0 0 0 0
0 1 1 0 1 0 0 0
1 0 0 0 0 0 1 1
0 0 1 1 0 0 0 0
...

Tag 10
0 1 0 0 0 0 0 1
0 0 0 0 1 0 0 0
0 0 1 1 0 0 0 1
0 0 0 0 0 1 0 1
0 0 0 1 0 0 0 0
1 0 1 0 1 0 1 0
0 1 0 0 0 0 0 0
1 0 1 1 0 0 0 1
```

Schritt 5: Zustände werden für nächste Zeiteinheit übernommen

Nun sollen nur gesunde und ansteckbare Individuen (Zustand=0) erkranken können und einmal infizierte Individuen über die Zeit krank bleiben.

- Ergänzen Sie in der Funktion `update()` die Bedingungsprüfung wie folgt:

```
FALLS Zelle in Gitter A den Wert 0 hat:
    wird der Wert in B mit der
    Wahrscheinlichkeit p auf 1 gesetzt.
SONST:
    wird Zelle in Gitter B der Wert derselben
    Zelle von A übernommen.
```

Mögliche Ausgabe: Nur gesunde und ansteckbare Individuen können krank werden. Die Anzahl der kranken Individuen nehmen über die Zeit zu ($p = 0.5$, die Resultate einiger Zeitschritte sind nicht dargestellt):

```
Tag 0
0 0 0 0 0 0 0 0
0 0 0 0 0 0 0 0
0 0 0 0 0 0 0 0
0 0 0 0 0 0 0 0
0 0 0 0 0 0 0 0
0 0 0 0 0 0 0 0
0 0 0 0 0 0 0 0
0 0 0 0 0 0 0 0

Tag 1
0 1 1 0 1 0 0 1
0 1 0 1 1 1 1 0
1 0 0 0 0 0 1 1
1 1 0 1 1 0 1 1
0 0 0 1 0 1 1 1
0 1 0 1 0 1 0 1
1 0 0 1 0 1 1 0
0 0 1 1 1 0 1 0

Tag 2
1 1 1 0 1 1 0 1
0 1 0 1 1 1 1 0
1 1 0 1 0 1 1 1
1 1 1 1 1 0 1 1
0 1 0 1 0 1 1 1
1 1 0 1 1 1 1 1
1 0 0 1 1 1 1 0
0 1 1 1 1 0 1 1
...

Tag 10
1 1 1 1 1 1 1 1
1 1 1 1 1 1 1 1
1 1 1 1 1 1 1 1
1 1 1 1 1 1 1 1
1 1 1 1 1 1 1 1
1 1 1 1 1 1 1 1
1 1 1 1 1 1 1 1
1 1 1 1 1 1 1 1
```

Schritt 6: Ansteckung einbauen (Testfall 12)

Bis hierher können unsere Individuen zwar erkranken, es findet aber noch keine Ansteckung statt. In der Realität findet eine **Ansteckung** dann statt, wenn sich ein Individuum in der Nähe eines bereits infizierten Individuums aufhält. Die Ansteckung soll von nun an nur noch möglich sein, wenn **einer der vier direkten Nachbarn** krank ist (siehe Abbildung 4.2). Da wir auf diese Weise in unserer Simulation zu Beginn keine kranken Individuen haben, müssen wir beim Programmstart ein erstes Individuum auf *krank* setzen. Um die Ausbreitung der Krankheit besser verfolgen zu können, wollen wir jedoch zuerst in der Konsole nur noch die kranken Individuen anzeigen.

- Passen Sie die Funktion `output()` so an, dass nur Werte die grösser als 0 sind angezeigt werden.
- Setzen Sie bei Programmstart ein Individuum (z.B. A[10][15] oder ein zufällig bestimmtes) auf den Zustand *krank*.
- Ergänzen Sie in der Funktion `update()` die Verzweigung wie folgt:

```
FALLS Zelle in Gitter A Wert 0 hat:
    FALLS ein Nachbar von A ein Wert grösser als 0 hat:
        wird der Wert in B mit der
        Wahrscheinlichkeit p auf 1 gesetzt.
SONST:
    wird Zelle in Gitter B der Wert derselben
    Zelle von A übernommen.
```

> **Tipp:** Um ein Individuum aus dem Gitter zufällig zu bestimmten, können für die x- und y-Koordinate je eine Zufallszahl bestimmen.

Mögliche Ausgabe: Die Anzahl der erkrankten Individuen sollten durch die Ansteckung über die Zeit ausgehend vom Erstinfizierten zunehmen (verkleinerte Darstellung, die Resultate einiger Zeitschritte sind nicht dargestellt):

```
Tag 1


    1




Tag 2

    1
    1 1




Tag 3

    1 1
  1 1 1
    1
...
```

Schritt 7: Genesung und Immunität einbauen (Testfall 13)

Angenommen der Krankheitserreger verursacht eine Krankheit, die eine bestimmte Zeit (z.B. 8 Tage) dauert. Danach sind die Individuen **wieder gesund**. Bei vielen Krankheitserregern führt eine einmalige Infektion nach der Genesung zur **Immunität**, d.h. sie können nicht mehr erneut angesteckt werden.

Bei der nächsten Version unserer Simulation möchten wir den **Status** der Individuen mit den **Werten 2 bis 8 erweitern**. Der Wert gibt an, wie lange das Individuum schon krank ist. Zeigt der Status den Wert 1 bis 7, kann das Individuum selber nicht mehr angesteckt werden, kann aber während dieser Zeit andere Nachbar-Individuen anstecken. Wird der Wert 8 erreicht, ist das Individuum *genesen* und *immun*. Das heisst, es kann nicht mehr angesteckt werden und steckt auch keine anderen Individuen mehr an.

- Erweitern Sie die Verzweigung in der Funktion `update()` wie folgt:

```
FALLS Zelle in Gitter A den Wert 0 hat:
    FALLS ein Nachbar von A den Wert grösser als 0 und
    kleiner als 8 hat:
        wird der Wert in B mit der
        Wahrscheinlichkeit p auf 1 gesetzt.
ANDERNFALLS Zelle von Gitter A einen Wert kleiner als 8 hat:
    wird der Wert von Zelle A um 1 erhöht
    und in B gespeichert.
SONST:
    wird Zelle in Gitter B der Wert
    derselben Zelle von A übernommen.
```

Mögliche Ausgabe: Bei den infizierten Individuen wird der Krankheitsstatus angezeigt und nach jeder Zeiteinheit erhöht. Bei gesunden (Wert=0) und genesenen (Wert=8) Individuen wird der Status nicht angezeigt (verkleinerte Darstellung, die Resultate einiger Zeitschritte sind nicht dargestellt):

```
Tag 1


    2
    1

Tag 2


    3
    2

Tag 3

    1
    4
  1 3
...

Tag 6

  2
  3 4
1 4 7 3
1 2 6 1

Tag 7

  3
  4 5 1
2 5   4
2 3 7 2
    1

Tag 8

  4 1 1
  5 6 2
3 6   5
3 4   3
1   2
...
```

Schritt 8: Zählung durchführen und grafisch darstellen (Testfall 14 bis 16)

Um die Entwicklung über die Zeit zu veranschaulichen, möchten wir zum Abschluss ein paar System-Werte berechnen und eine Auswertung mit den Gesundheitsstatus der Individuen erstellen. Anschliessend sollen diese Werte noch mit der Bibliothek `matplotlib` visualisiert werden.

- Erstellen Sie im Hauptprogramm drei neue Listen (z.B. `n_gesund`, `n_infiziert`, `n_genesen`) der Länge `tEnd`, um die Anzahl infizierter Individuen pro Zeiteinheit abzuspeichern.
- Rufen Sie für jedes Zeitintvervall die Funktion `count()` im Hauptprogramm auf und übergeben Sie das `grid` als Parameter.
- Passen Sie die gegebene Funktion `count()` so an, dass diese die Anzahl *gesunder* (Status = 0), *infizerter* (Status grösser als 0 und kleiner als 8) und *genesener* Individuen (Status = 8) zählt. Speichern Sie diese drei Werte in die vorgegebene, lokale Liste und geben Sie diese mit `return` ins Hauptprogramm zurück.
- Speichern Sie die einzelnen Werte der zurückgegebenen Liste in die jeweilige Liste im Hauptprogramm.
- Geben Sie bei jedem Durchgang die aktuellen Werte in der Konsole aus, wie z.B.:

```
Tag 20
Gesund:      1976    (79.04%)
Infiziert:   283     (11.32%)
Genesen:     241     (9.64%)
```

> **Tipp:** Mit dem Steuerzeichen `\t` können Sie innerhalb eines Strings einen Tabulator setzen.

- Visualisieren Sie die Resultate in einem matplotlib-Diagramm.

Bei einer hohen Ansteckungsrate und genügend Laufzeit erwarten wir gemäss Modell folgende zeitliche Verteilung (Abbildung 4.3):

- Schauen Sie die Verteilung an. Inwiefern unterscheidet sich Ihre Verteilung mit der Verteilung des Modells?

4.9.5 Erweiterungen

In dieser Projektaufgabe haben Sie eine Grundversion der Pandemie-Simulation erstellt. Diese können wir verwenden, um einige **Untersuchungen am Modell** vorzunehmen. Wie Sie sicher bemerkt haben, entsprechen einige Elemente der Simulation noch nicht

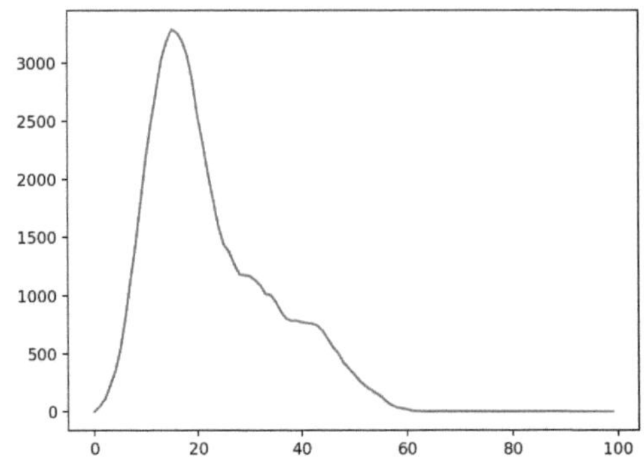

Abbildung 4.3: Grafische Darstellung des zeitlichen Verlaufs der Anzahl angesteckter Individuen während der Pandemie.

ganz der Realität. Hier finden Sie einige Ideen, wie Sie Ihre Simulation erweitern und mit dem Verlauf der Grundversion vergleichen können;:

- Effekt von Kontakteinschränkungen
- Impfungen einbauen
- Mortalität einbauen
- Abnahme der Ansteckungswahrscheinlichkeit und der Immunität
- Reisen einbauen

Effekt von Kontakteinschränkungen (leicht)

Überschreitet die Zunahme der Ansteckungen einen bestimmten Wert, sollen behördliche Massnahmen (z.B. *Social Distancing*, *Lockdown*) ergriffen werden.

- Reduzieren Sie im Fall einer starken Zunahme von Neuansteckungen die Anzahl der Kontakte.
- Untersuchen Sie den Einfluss der die Reduktion der Anzahl der Kontakte hat. Wie verändert sich die Anteckungskurve?

Impfungen einbauen (mittel)

Durch die Verabreichung eines Impfstoffes sollen Individuen vor einer Ansteckung geschützt werden.

- Simulieren Sie den Effekt einer Impfung. Bei jedem Durchgang werden zufällig eine bestimmte Anzahl an Individuen direkt auf den Gesundheitsstatus *genesen, nicht ansteckbar* gesetzt.
- Wie verändert sich die Kurve, wenn Sie die Anzahl Impfungen erhöhen?

Mortalität einbauen (mittel)

Viele Infektionskrankheiten können Individuen nicht nur krank machen, sondern auch töten. Die Wahrscheinlichkeit, mit der infizierte Individuen sterben, wird Tödlichkeit oder *Letalität* genannt. Infektionskrankheiten haben häufig eine charakteristische Todesrate (z.B. 1%). Diese soll in unser Modell einfliessen und beim Programmstart als Simulationsparameter eingebaut werden.

- Passen Sie Ihre Simulation so an, dass bei jedem Zeitschritt infizierte Individuen mit einer bestimmten Wahrscheinlichkeit dem Krankheitserreger erliegen. Erweitern Sie hierzu auch ihre Statistik, z.B.:

```
Tag 20
Gesund:     1976    (79.04%)
Infiziert:  269     (10.76%)
Genesen:    212     (8.48%)
Gestorben:  16      (0.76%)
```

Abnahme der Ansteckungswahrscheinlichkeit und der Immunität (mittel)

Viele Krankheiten sind zu Beginn am ansteckendsten. Machen Sie die Ansteckungswahrscheinlichkeit abhängig von der Dauer der Krankheit der Überträger.

- Passen Sie Ihre Simulation so an, dass geheilte Personen nach einer gewissen Zeit (z.B. vier Tagen) wieder angesteckt werden können.
- Wie verhält sich die Kurve, wenn die Ansteckungswahrscheinlichkeit und die Immunität mit der Zeit abnimmt?

Reisen einbauen (anspruchsvoll)

Bei unserem bisherigen Modell bleiben alle Individuen an ihrem Platz und haben nur Kontakt zu ihren direkten 4 Nachbaren. Dies soll sich nun ändern. Die Inidividuen sollen innerhalb eines gegebenen Radius "reisen" können. Hierfür wird ein neuer Simulationsparameter eingeführt: der *Reise-Radius*. Innerhalb diser Entfernung sollen sich Individuen verschieben und dort Individuen anstecken können. Für unser Modell bedeutet das, dass ein Individuum bei jedem Zeitschritt die Möglichkeit bekommt, innerhalb des Reiseradius zufällig andere Individuen anzustecken. Bisher hatten wir einen Reiseradius von 1, d.h. nur direkte Nachbarn können angesteckt werden. Nun kann sich dieser Radius erhöhen, z.B. auf 2 oder 3.

- Passen Sie Ihre Simulation so an, dass der Reiseradius eingestellt werden kann und in diesem Bereich vier Individuen zufällig angesteckt werden können.
- Wie verhält sich die Kurve mit und ohne Reisebeschränkung?

4.10 Bedingungen für die Präsentation

Führen Sie einer Assistenzperson die erstellten Programme am Bildschirm vor und diskutieren Sie die durch die Simulation erzeugten Resultate. Überlegen Sie sich, wie Sie einem Laien folgende Fragen erklären würden:

- Wozu setzt man beim Programmieren Funktionen ein?
- Welche Arten von Funktionen gibt es und wie kann man Sie unterscheiden?
- Wie funktioniert bei Funktionen die Wertübergabe?
- Wo sind lokale und globale Variablen gültig?
- Was ist die Aufgabe von `return`?
- Was ist ein rekursiver Aufruf?
- Was ist der Sinn von Modulen? Wie können Module in Python-Programmen verwendet werden?
- Wie werden auf Elemente von verschachtelten Listen zugegriffen?
- Wie ist eine Game Loop aufgebaut?
- Welche Elemente gehören zu einer Simulation?
- Wofür braucht man Testfälle?

Die Begriffe dieses Kursmoduls sollten Sie mit einfachen Worten erklären können.

E.Tutorial
www.et.ethz.ch

Programmieren mit Python Modul 5

Daten verwalten in Python mit einer relationalen Datenbank

Theorieteil

Autoren:

Markus Dahinden, Lukas Fässler

Begriffe

Datenliste	Fremdschlüssel
Datenbank	Normalisierung
Tabellen	Datenbankschema
Datensatz	Referentielle Integrität
Attribute	Redundanz
Beziehung	Relationale Operatoren
Beziehungstyp	Logische Operatoren
Primärschlüssel	SQL

Theorieteil

5.1 Herausforderung bei der Arbeit mit digitalen Daten

Bei wissenschaftlichen Tätigkeiten werden grosse Mengen digitaler Daten erfasst, modifiziert, visualisiert und archiviert. Dabei ist es eine Herausforderung, die Daten so zu speichern, dass diese flexibel und wahlweise auch von mehreren Personen gleichzeitig genutzt werden können, ohne dass die Gefahr von ungewollten Modifikationen besteht.

Bei der Speicherung von Daten sind in der Praxis zwei Systeme vorherrschend: **Datenlisten** und **Datenbanken**. Beide werden in Form von Dateien gespeichert.

5.1.1 Grenzen von Datenlisten

Vielleicht haben Sie schon grosse **Datenlisten** mit einem Tabellenkalkulations-Programm (wie z.B. Microsoft® Excel, Apple Numbers oder LibreOffice Calc) bearbeitet und dabei festgestellt, dass diese ab einer gewissen Länge und Breite unübersichtlich werden. Darüber hinaus sind oft einzelne Einträge mehrfach ("**redundant**") vorhanden, so dass Änderungen an vielen Orten vorgenommen werden müssen (z.B. mittels "Suchen und Ersetzen"). Mit jedem redundanten Eintrag steigt nicht nur der Aufwand für die Datenverwaltung, sondern es steigt auch das Risiko von Inkonsistenzen. Ein Beispiel einer Datenliste mit redundanten Daten sehen Sie in Tabelle 5.1.

Lebensmittel	Kategorie	Inhaltsstoff	Menge
Apfel	Obst	Calcium (in mg)	5.02
Apfel	Obst	Fett (in g)	0.3
Birne	Obst	Calcium (in mg)	10
Birne	Obst	Fett (in g)	0.3
Poulet	Geflügel	Calcium (in mg)	14
Poulet	Geflügel	Fett (in g)	5.92

Tabelle 5.1: Viele Einträge dieser Nährwerttabelle sind redundant vorhanden.

Die Schweizerische Nährwertdatenbank weist 1'150 Lebensmittel und 40 Inhaltsstoffe auf.[1] Würde man diese Daten als Liste in obiger Form exportieren, bestünde die Tabelle aus 46'000 Zeilen, wobei 1'150 Mal der Inhaltsstoff "Natrium (Na)" enthalten wäre. Eine solch grosse Anzahl Redundanzen verunmöglicht eine effiziente Arbeitsweise (stellen Sie sich vor, Sie müssten an 1'150 Stellen in dieser Tabelle die Übersetzung einer Lebensmittelkategorie abändern). Einfacher und sicherer wäre es, wenn die verschiedenen Kategorien redundanzfrei in einer separaten Tabelle gespeichert wären und mittels Verweisen sichergestellt wäre, dass die Lebensmittel weiterhin die korrekten Kategorien aufweisen. Genau das ist mit **Datenbanken** möglich.

5.2 Prinzip einer relationalen Datenbank

Das Prinzip einer relationalen Datenbank ist die Aufteilung einer Datenliste in logische Einheiten (**Tabellen**). Tabellen besitzen **Spalten** mit **Spaltenüberschriften** (oft *Attribute* genannt) und eine beliebige Anzahl an **Zeilen** (Datensätzen). Diese Aufteilung der Daten in logische Einheiten (**Normalisierung**) muss verlustfrei sein, das heisst, ein nachträgliches Zusammenführen aller Datensätze in den Tabellen muss wieder zur ursprünglichen Datenliste führen. Damit dies funktioniert, werden **Schlüssel**-Attribute verwendet.

Man unterscheidet zwischen Primär- und Fremdschlüsseln. Ein **Primärschlüssel** bezeichnet eindeutig eine einzelne Zeile in einer Tabelle. Eine Voraussetzung dafür ist, dass jeder Wert des Primärschlüssels in dieser Tabelle nur einmal vorkommt und ein gelöschter Schlüssel niemals wieder verwendet wird. Ein **Fremdschlüssel** hingegen darf mehrfach in einer Tabelle vorkommen. Er wird immer dann verwendet, wenn zwei voneinander abhängige Daten in eigene Tabellen ausgelagert werden. Dabei verweist ("zeigt") der Fremdschlüssel eines Datensatzes in der einen Tabelle auf den Primärschlüssel eines zugehörigen Datensatzes in der anderen Tabelle. (siehe Tabelle 5.2). In der Praxis kann es auch vorkommen, dass sich ein Primärschlüssel aus mehreren Attributen zusammensetzt. Man spricht dabei von einem *zusammengesetzten Primärschlüssel* (ein Beispiel sehen Sie in Tabelle 5.4).

5.2.1 Normalisierung einer Datenliste

Bei der Aufteilung einer Datenliste auf mehrere Tabellen gibt es verschiedene Möglichkeiten. Meist sind jedoch nur wenige davon auch tatsächlich sinnvoll. Das Verfahren der **Normalisierung** hilft, eine solche sinnvolle Aufteilung zu finden. Dabei geht man schrittweise vor: Zunächst wird die Datenliste in eine *atomare Form* gebracht, wobei zusammengesetzte Einträge in separate Zeilen aufgetrennt werden (**Normalform 1**,

[1] http://www.naehrwertdaten.ch/

Klasse

Id	*Name*
1	Vögel
2	Reptilien
3	Säugetiere

Familie

ref_Id	*Name*
1	Pinguine
1	Pelikane
3	Kängurus
2	Alligatoren

$\Longleftrightarrow$

Klasse	**Familie**
Vögel	Pinguine
Vögel	Pelikane
Säugetiere	Kängurus
Reptilien	Alligatoren

Tabelle 5.2: Das Prinzip von Primär- und Fremdschlüssel illustriert am Beispiel der Systematik von Tieren. Gegeben sind zwei Tabellen **Klasse** und **Familie**. *Id* stellt einen Primär- und *ref_Id* einen Fremdschlüssel dar. Auf der rechten Seite ist die ursprüngliche Datenliste abgebildet. Sie lässt sich mit Hilfe der Schlüssel-Spalten wiederherstellen. *Id* ist ein in relationalen Datenbanken weit verbreiteter Kurzbegriff für Identifikationsnummer. Diese ist, wie der Name vermuten lässt, meist ein Primärschlüssel.

1NF). Anschliessend werden logisch zusammenhängende Spalten in separate Tabellen verschoben (2NF, 3NF).

Erster Normalisierungschritt

In Tabelle 5.3 sehen Sie ein Beispiel einer *nicht atomaren* Datenliste, bei der der Datensatz des Fettgehalts von Äpfeln und Birnen kombiniert ist. Dieser muss zu zwei Zeilen erweitert werden, um die atomare Form zu erhalten (siehe Tabelle 5.1).

Lebensmittel	Kategorie	Inhaltsstoff	Menge
Apfel	Obst	Calcium (in mg)	5.02
Apfel, Birne	Obst	Fett (in g)	0.3
Birne	Obst	Calcium (in mg)	10
Poulet	Geflügel	Calcium (in mg)	14
Poulet	Geflügel	Fett (in g)	5.92

Tabelle 5.3: Der erste Schritt der Normalisierung ist noch nicht gemacht: die zweite Zeile beinhaltet kombinierte Werte und liegt somit nicht in atomarer Form vor.

Zweiter Normalisierungsschritt

Der zweite Normalisierungsschritt (2NF und 3NF) hat zum Ziel, die Daten in logische Gruppen zusammenzufassen und zu trennen, um so Redundanzen zu reduzieren. Dabei werden die Gruppen so gewählt, dass darin alle Nicht-Schlüssel-Spalten von Schlüssel-Spalten direkt abhängig sind. In der Umsetzung heisst das, dass jede Datenliste mindestens eine Primärschlüssel-Spalte braucht und dass alle Attribute in dieser Tabelle sich eindeutig auf diesen Schlüssel beziehen (z.B. hat der Apfel die ID = 1. Die Kategorie *Obst* gehört dabei nicht zur dieser ID, da *Obst* ja für mehrere Lebensmittel verwendet werden kann. *Obst* braucht somit eine eigene ID und folglich auch eine eigene Tabelle).

Unsere Nährwert-Datenliste beinhaltet vier logische Gruppen: Lebensmittel, Kategorie, Inhalt und Menge. Die fertig normalisierten und in separate Tabellen aufgeteilte Daten sind in Tabelle 5.4 abgebildet.

Lebensmittel

Id	*Name*	*Kategorie_Id*
1	Apfel	1
2	Birne	1
3	Poulet	2

Kategorie

Id	*Name*
1	Obst
2	Geflügel

Inhaltsstoff

Id	*Name*
1	Calcium (in mg)
2	Fett (in g)

Lebensmittel_Inhaltsstoff

Inhaltsstoff_Id	*Lebensmittel_Id*	*Menge*
1	1	5.02
2	1	0.3
1	2	10
2	2	0.3
1	3	14
2	3	5.92

Tabelle 5.4: Die fertig normalisierte Nährwerttabelle. Alle logischen Gruppen sind in eigene Tabellen ausgelagert. Der Schlüssel, von dem eine Zeile abhängig ist, wird Primärschlüssel in der neuen Tabelle (z.B. *Id* in der Tabelle **Kategorie**). In der Tabelle **Lebensmittel_Inhaltsstoff** gibt es keinen einzelnen Primärschlüssel, stattdessen bilden die Spalten *Inhaltsstoff_Id* und *Lebensmittel_Id* einen zusammengesetzten Primärschlüssel.

5.2.2 Beziehungstypen zwischen zwei Tabellen

Die Beziehung zwischen zwei Tabellen wird definiert über die Beziehung zwischen deren Schlüssel-Attributen. Dabei werden **drei Beziehungstypen** unterschieden: *1:1*, *1:N*[2] und *N:M*. Die Zahl *1* deutet darauf hin, dass in der entsprechenden Tabelle nur genau *ein* Eintrag mit diesem Wert vorhanden ist (Primärschlüssel). Der Bezeichner *N*[3] bedeutet hingegen, dass *mehrere* Zeilen mit dem gleichen Wert in der Tabelle vorhanden sein können (Fremdschlüssel). Es gilt zu beachten, dass *N:M*-Beziehungen in relationalen Datenbanken nicht direkt, sondern nur mittels einer **Zwischentabelle**, die zwei *1:N*-Beziehungen herstellt, erstellt werden können. In Tabelle 5.4 stellt beispielsweise die Tabelle *Menge* eine Zwischentabelle dar: Ein Nahrungsmittel hat viele Inhaltsstoffe und ein Inhaltsstoff kommt in vielen Nahrungsmitteln vor (*1:N* und *N:1* $\rightarrow$ *N:M*). Die Beziehungstypen sind dann von Bedeutung, wenn wir Abfragen definieren, in denen Daten aus verschiedenen Tabellen zusammengeführt werden sollen.

5.3 Die Datenbanksprache SQL

Im Unterschied zu einer Datenliste wird bei einer Datenbank die auf dem Computer gespeicherte Daten-Datei nicht direkt editiert. Stattdessen teilt man einem Datenbankmanagementsystem (DBMS) mit, was man in der Datei gerne ändern respektive welche Daten man herauslesen möchte. Das DBMS prüft die Anfrage und führt sie aus. Durch diesen Prüfvorgang wird sichergestellt, dass man nicht versehentlich Daten löscht oder modifiziert oder ungültige Daten in die Datenbank-Datei schreibt. Zudem stellt das DBMS nützliche Funktionen zur Verfügung, um gezielte Informationen über die gespeicherten Daten zu erhalten.

Nachfolgend eine schematische Darstellung, wie mit Hilfe eines DBMS auf eine Datenbank-Datei zugegriffen werden kann (siehe Abbildung 5.1).:

Es gibt einen Vielzahl unterschiedlicher DBMS (z.B. mysql, mariadb, sqlite, postgres), welche für unterschiedliche Einsatzbereiche optimiert sind (z.B. für Webseiten, wissenschaftliche Arbeiten etc.). Viele DBMS haben *eine* Gemeinsamkeit: sie nehmen Befehle in derselben Sprache entgegen. Diese gemeinsame Datenbanksprache heisst **SQL** (*Structured Query Language*). Es handelt sich dabei um klar strukturierte Textanweisungen, die sowohl für Computer als auch für Menschen verständlich sind (ähnlich dem Python-Programmcode). Mit SQL können sowohl Tabellen und Attribute angelegt, als auch Daten darin gespeichert, modifiziert und wieder abgerufen werden. SQL kann in ein Python-Programm eingebunden werden, so dass direkt aus einem selbst geschriebenen Programm via DBMS-Modul auf eine Datenbank-Datei zugegriffen werden kann.

[2] Eigentlich gibt es noch den *N:1*-Beziehungstyp. Dieser entspricht dem *1:N*-Beziehungstyp, einfach umgekehrt gelesen.

[3] Manchmal wird anstelle von *N* das Symbol ∞ oder auch *M* verwendet.

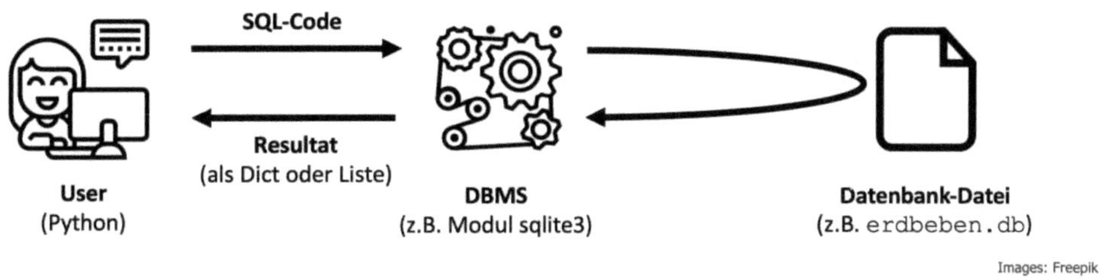

Abbildung 5.1: User können auf die Daten zugreifen, indem sie mittels SQL-Code dem DBMS mitteilen, welche Daten sie aus der Datenbank abrufen resp. welche Teile der Datenbank sie verändern möchten.

5.3.1 Modul sqlite3

Wir werden in diesem Modul mit einer Datenbank vom Typ "SQLite" arbeiten. Die dafür benötigen DBMS-Befehle werden unter Python vom Modul `sqlite3` bereitgestellt. Folgender Code zeigt uns ein einfaches Grundgerüst zur Abfrage des Buchtitels bei gegebener ISBN-Nummer:

```
import sqlite3

con = sqlite3.connect("buecher.db", isolation_level=None)
cur = con.cursor()
cur.execute("""SELECT titel
               FROM buecher
               WHERE isbn = '978-3-280-04059-1';""")
resultat = cur.fetchone()
print("gefundener Buchtitel: " + resultat[0])
```

Ausgabe des obigens Programms:

```
gefundener Buchtitel: Begriffe, Formeln und Tabellen
```

Erklärung zum Code: Nach dem Import des Moduls `sqlite3` steht in Python die Funktion `sqlite3.connect` zur Verfügung. Damit wird eine Verbindung mit der Datenbank-Datei hergestellt. Anschliessend wird mittels `cursor()` ein Zeiger auf die Datenbank erzeugt, dem SQL Code übergeben werden und der mit `execute()` auf der Datenbank-Datei ausgeführt wird. Das Resultat einer SQL-Abfrage kann mit `fetchone()` oder `fetchall()` abgerufen werden.

Unterschied `fetchone()` und `fetchall()`

`fetchone()` wird genutzt, wenn man nur einen Datensatz im Resultat erwartet (wie im obigen Beispiel). Werden mehrere Datensätze erwartet, nutzt man `fetchall()`. Das Resultat wird in einer Python-Variablen gespeichert und kann so weiterverarbeitet werden. Das Resultat liegt als Dictionary (bei `fetchone()`) resp. einer Liste aus Dictionaries (bei `fetchall()`) vor. Entsprechend müsste man das obige Beispiel wie folgt umschreiben, wenn man `fetchall()` statt `fetchone()` nutzen würde:

```
[...]
cur.execute("""SELECT titel
               FROM buecher
               WHERE isbn = '978-3-280-04059-1';""")
resultat = cur.fetchall()
print("gefundener Buchtitel: " + resultat[0][0])
```

Alternativ können Sie zum Ausführen von SQL-Code auch spezialisierte Datenbanksoftware nutzen (z.B. "DB Browser for SQLite")[4]. Mit dieser Software können Sie SQL-Code auch ohne Python-Kenntnisse auf einer Datenbank-Datei ausführen und das Resultat anzeigen lassen.

Nun wollen wir uns die wichtigsten SQL-Befehle anschauen.

5.3.2 Tabellen anlegen und Daten eingeben mit SQL

Bevor Sie Daten in einer Datenbank-Datei speichern können, müssen Sie deren Struktur (die Namen der Tabellen) und die Eigenschaften (Datentypen, Schlüssel etc.) der einzelnen Attribute festlegen. Man spricht dabei vom **Datenbankschema**. Anschliessend können Sie Daten darin ablegen und wieder abrufen. Als Anschauungsbeispiel für die nachfolgenden SQL-Befehle wollen wir die normalisierte Nährwerttabelle (Tabelle 5.4) verwenden.

> **Hinweis**: Aus Gründen der Übersichtlichkeit verzichten wir in den folgenden Abschnitten auf die Angabe des gesamten Python-Programms und beschränken uns stattdessen auf den SQL-Code.

[4] https://sqlitebrowser.org/

Tabellen anlegen

Unsere fertig normalisierte Nährwertdatenbank enthält total vier Tabellen (Tabelle 5.4), die wir einzeln anlegen müssen. Der SQL-Code für die Tabelle `Lebensmittel` sieht wie folgt aus:

```
CREATE TABLE Lebensmittel (
Id INTEGER,
Name TEXT,
Kategorie_Id INTEGER,
PRIMARY KEY(Id),
FOREIGN KEY(Kategorie_Id) REFERENCES Kategorie(Id)
);
```

Erklärung zum Code: Mit dem Befehl `CREATE TABLE` wird zunächst der Tabellenname als `Lebensmittel` definiert. Anschliessend folgen drei Zeilen, in denen je eine **Spalte** der Tabelle definiert wird. Eine Spaltendefinition besteht immer aus einem **Spaltennamen** und einem **Datentyp**. Der Datentyp bestimmt, welche Art von Daten in diesem Feld gespeichert werden soll (Tabelle 5.5). In der Spalte `Id` und `Kategorie_Id` sollen nur Ganzzahlen gespeichert werden, weshalb wir den Datentyp `INTEGER` (engl. Ganzzahl) verwenden. Im Attribut `Name` wollen wir den Lebenmittelnamen speichern und verwenden deshalb den Datentypen `TEXT`. Die letzten beiden Zeilen definieren die **Primär-** und **Fremdschlüssel**. Konkret wird die Spalte `Id` als Primärschlüssel ausgewählt und `Kategorie_Id` wird als Fremdschlüssel auf `Id` in der Tabelle `Kategorie` gesetzt.

Datentyp	Beschreibung
INTEGER	Ganzzahl
TEXT	Text
REAL	Fliesskommazahl
NULL	Fehlender Wert (mmissing value")

Tabelle 5.5: Die häufigsten Datentypen in SQLite Datenbanken. Anders als bei anderen SQL Datenbanken (z.B. MySQL) kennt SQlite keine fixen Datentypen. Stattdessen nutzt SQlite ein dynamisches Typensystem. SQLite nennt dies TType Affinity", wobei für jeden Wert bevorzugt der Typ aus der Tabellendefinition übernommen wird. Wenn dies nicht möglich ist, wird automatisch ein alternativer Typ verwendet. Mehr dazu im E.Tutorial.

Die anderen drei Tabellen unserer Nährwertdatenbank werden mit dem entsprechenden CREATE TABLE Befehl ebenfalls erstellt.

Bestehende Tabelle verändern mit ALTER TABLE

Falls Sie die Struktur einer Tabelle nachträglich anpassen möchten, können Sie dazu den Befehl ALTER TABLE nutzen:

```
ALTER TABLE Lebensmittel
ADD COLUMN Preis FLOAT;
```

Damit fügen Sie in die Tabelle Lebensmittel ein neues Attribut Preis ein. Sie können auf die gleiche Weise auch Attribute löschen DROP COLUMN oder Attribute umbenennen RENAME COLUMN.

Daten einfügen

Nachdem alle vier Tabellen angelegt sind, ist unsere Tabellenstruktur vollständig. Nun können mittels SQL-Befehlen Daten in die einzelnen Tabellen gefüllt werden. Mit folgendem Befehl kann z.B. der Apfel in die Tabelle Lebensmittel gespeichert werden:

```
INSERT INTO Lebensmittel (Id, Name)
      VALUES (1, 'Apfel');
```

Erklärung zum Code: Zunächst muss der **Name der Tabelle** angegeben werden, in welche die Zeile eingefügt werden soll. Anschliessend folgen die **Spaltennamen** der Tabelle. Im letzten Teil folgen die eigentlichen **Werte** der Zeile. Hierbei ist zu beachten, dass die Reihenfolge mit der Angabe der Spaltennamen übereinstimmen muss: Der erste Wert, 1, wird in die Spalte Id eingefügt, der zweite Wert, 'Apfel', wird in die Spalte Name eingefügt. Der Datentyp muss dabei übereinstimmen[5]. Für Text müssen die einfachen Anführungszeichen verwendet werden.

Wenn Sie eine ganze CSV-Textdatei in eine Datenbank-Tabelle importieren möchten, können Sie den Befehl executemany() verwenden. Wie Sie dabei vorgehen müssen, werden Sie im E.Tutorial kennenlernen.

[5]Falls der Typ nicht passt, wählt SQLite automatisch ein passender. Das kann in der Praxis zu Problemen führen. Mehr dazu im E.Tutorial.

5.3.3 Daten aus einer Datenbank abfragen

Nachdem das Datenbankschema angelegt und Daten eingefügt wurden, können Sie Daten aus der Datenbank abfragen. Sie können entweder Daten aus nur einer Tabelle, aus mehreren Tabellen oder aus der ganzen Datenbank abfragen.

Abfragen von Daten aus einer einzelnen Tabelle

Eine SQL-Abfrage enthält folgende **drei Grundelemente**:

- Die `SELECT`-Anweisung gibt die Spalten an, die im Resultat ausgegeben werden sollen.
- Die `FROM`-Anweisung gibt die Tabelle an, aus der die Daten bezogen werden sollen.
- Mittels der optionalen `WHERE`-Anweisung kann das Resultat auf ausgewählte Zeilen beschränkt werden.

Beispiel:

```
SELECT Name
FROM Lebensmittel
WHERE Id = 1;
```

Resultat:

```
Name
Apfel
```

Wie Sie sehen, muss die im `WHERE` verwendete Spalte nicht zwingend auch im `SELECT` aufgeführt werden.

Abfrage auf einzelne Datensätze beschränken

Wie Sie eben gesehen haben, können Sie im `WHERE`-Teil Ihre Abfrage auf gewisse Datensätze beschränken. Dabei können Sie relationale und logische Operatoren verwenden. Eine Auflistung dieser Operatoren finden Sie in den Tabellen 5.6 und 5.7. Das Ergebnis einer relationalen Operation ist entweder *true* oder *false*, ebenso wie deren Verknüpfung mittels logischer Operatoren. Schlussendlich landen nur jene Datensätze im Resultat, bei denen die Totalaussage *true* ist.

Operator	Beschreibung	Beispiel	Wert (wenn Id=4)
=	gleich	Id = 5	*false*
<>	ungleich	Id <> 0	*true*
>	grösser als	Id > 5	*false*
<	kleiner als	Id < 10	*true*
>=	grösser oder gleich	Id >= 4	*true*
<=	kleiner oder gleich	Id <= 4	*true*

Tabelle 5.6: Die häufigsten relationalen Operatoren, die in SQL-Abfragen Verwendung finden.

Operator	Beschreibung	Beispiel	Wert (wenn Id=4)
AND	logische UND-Verknüpfung	Id > 5 AND Id < 10	*false*
OR	logische ODER-Verknüpfung	Id > 5 OR Id < 10	*true*
NOT	logische NOT-Verknüpfung	NOT Id > 5	*true*

Tabelle 5.7: Die häufigsten logischen Operatoren, die in SQL-Abfragen Verwendung finden.

Sortierung der Datensätze mit `ORDER BY` festlegen

Ohne die Angabe der Sortierreihenfolge werden die Datensätze in einer zufälligen Reihenfolge ausgegeben. Wenn Sie jedoch z.B. den grössten Messwert im Resultat oder eine aufsteigende Liste von Namen benötigen, können Sie die Reihenfolge wie folgt festlegen:

```
SELECT Name
FROM Lebensmittel
ORDER BY Name ASC;
```

Mit dieser Angabe wird das Resultat nach dem Namen aufsteigend (`ASC` = "ascending") sortiert. Das Gegenteil wäre `DESC` (für "descending").

Abfragen über mehrere Tabellen

Bei einer Abfrage über mehrere Tabellen müssen Sie zwingend die Beziehung zwischen den Schlüssel-Attbibuten mit angeben. Nur so kann das DBMS die Tabellen korrekt verknüpfen und ein gültiges Resultat liefern. Die Verknüpfung wird entweder im `JOIN`- oder im `WHERE`-Teil angegeben. Wir wollen diesen Vorgang nun schrittweise anhand eines Beispiels erläutern. Zuerst betrachten wir die Verknüpfung mittels `JOIN` (da in der Praxis häufiger verwendet), jene mit `WHERE` ist weiter unten beschrieben.

Angenommen, wir möchten aus unserer Nährwertdatenbank (Tabelle 5.4) alle Lebenmittel und deren Kategorien herauslesen, dann benötigen wir Informationen aus den beiden Tabellen **Lebensmittel** und **Kategorie**. Diese stehen in einer *1:N*-Beziehung zueinander, wobei der Fremdschlüssel `Lebensmittel.Kategorie_Id` auf den Primärschlüssel `Kategorie.Id` verweist. In Tabelle 5.8 sehen Sie den entsprechenden Ausschnitt aus der Nährwertdatenbank:

Lebensmittel

Id	*Name*	*Kategorie_Id*
1	Apfel	2
2	Banane	2
3	Blumenkohl	1

Kategorie

Id	*Name*
1	Gemüse
2	Obst

Tabelle 5.8: In der Tabelle *Lebensmittel* ist *Id* ein Primär- und *Kategorie_Id* ein Fremdschlüssel definiert. Letzterer referenziert den Primärschlüssel *Id* in der Tabelle *Kategorie*.

Die Verknüpfung dieser beiden Tabellen wird in SQL wie folgt abgebildet:

```
SELECT Lebensmittel.Name, Kategorie.Name
FROM Lebensmittel JOIN Kategorie
    ON Lebensmittel.Kategorie_Id = Kategorie.Id;
```

Resultat:

```
Lebensmittel.Name    Kategorie.Name
Apfel                Obst
Banane               Obst
Blumenkohl           Gemüse
```

> **Hinweis**
>
> Bei Abfragen über mehrere Tabellen muss bei **jedem Attribut der dazugehörige Tabellennamen vorangestellt** und mit einem Punkt abgetrennt werden: z.B. `Kategorie.Name`. Nur so ist sichergestellt, dass bei gleichlautenden Attributnamen das korrekte Attribut verwendet wird.

Um zu verstehen, wieso die Angabe der Verknüpfung zwischen den Tabellen so wichtig ist, wollen wir die obige Abfrage schrittweise durchspielen. Wir schauen uns erst den eigentlichen `JOIN` der beiden Tabelle ohne Angabe der Verknüpfung an:

```
Lebensmittel JOIN Kategorie
```

Dieser Befehl lässt das Datenbanksystem eine temporäre Tabelle erstellen, die aus dem Kreuzprodukt aller Einträge der beiden Tabellen besteht (siehe Tabelle 5.9).[6] **Kreuzprodukt** bedeutet, dass jede Zeile der einen Tabelle mit jeder Zeile der anderen Tabelle verbunden wird. Dies führt zu $3 \cdot 2 = 6$ Zeilen im Kreuzprodukt:

Dieses Kreuzprodukt beinhaltet viele Einträge, die semantisch keinen Sinn ergeben. Dennoch ist sie das Beste, was das Datenbanksystem aus der Information `Lebensmittel JOIN Kategorie` machen kann: Nämlich, jede Zeile der einen Tabelle mit jeder Zeile der anderen Tabelle zu verbinden (*Kreuzprodukt*). Wollen wir eine an die Bedeutung der Tabellen angepasste Verknüpfung erreichen, so müssen wir dem Datenbanksystem mehr Informationen zur Verfügung stellen. Dies geschieht über die `ON`-Anweisung, mit welcher wir angeben, über welche Attribute die beiden Tabellen verknüpft werden müssen:

```
Lebensmittel JOIN Kategorie
ON Lebensmittel.Kategorie_Id = Kategorie.Id
```

[6] Die temporäre Tabelle wird nur im Arbeitsspeicher zwischengespeichert. Sobald die komplette Anweisung SELECT...FROM... abgearbeitet ist, wird die Tabelle wieder aus dem Arbeitsspeicher entfernt.

Lml.Id	*Lml.Name*	*Lml.Kat_Id*	*Kat.Id*	*Kat.Name*
1	Apfel	2	1	Gemüse
1	Apfel	2	2	Obst
2	Banane	2	1	Gemüse
2	Banane	2	2	Obst
3	Blumenkohl	1	1	Gemüse
3	Blumenkohl	1	2	Obst

Tabelle 5.9: Kreuzprodukt einer JOIN-Anweisung ohne Angabe der Tabellenverknüpfung. Hinweis: aus Platzgründen wurde 'Lebensmittel' zu 'Lml' und 'Kategorie' zu 'Kat' gekürzt.

Erst mit dieser Information ist das Datenbanksystem in der Lage, alle ungültigen Datensätze rauszulöschen. Dabei werden alle Datensätze in der temporären Tabelle 5.9 einzeln geprüft und es werden alle Datensätze gelöscht, bei denen die Bedingung `Lebensmittel.Kategorie_Id = Kategorie.Id` *nicht* erfüllt ist. Daraus ergibt sich das erwartete, korrekt verknüpfte Resultat (Tabelle 5.4):

Lml.Id	*Lml.Name*	*Lml.Kategorie_Id*	*Kat.Id*	*Kat.Name*
1	Apfel	2	2	Obst
2	Banane	2	2	Obst
3	Blumenkohl	1	1	Gemüse

Tabelle 5.10: Ergebnis der korrekt verknüpften JOIN-Anweisung. Hinweis: aus Platzgründen wurde 'Lebensmittel' zu 'Lml' und 'Kategorie' zu 'Kat' gekürzt.

Jetzt wo wir die korrekt verküpften Datensätze haben, muss das DBMS nur noch die gewünschten Attribute gemäss `SELECT`-Anweisung raussuchen und ausgeben:

```
SELECT Lebensmittel.Name, Kategorie.Name
FROM Lebensmittel JOIN Kategorie
ON Lebensmittel.Kategorie_Id = Kategorie.Id
```

Diese liefert folgendes Schlussresultat:

Lebenssmittel.Name	*Kategorie.Name*
Apfel	Obst
Banane	Obst
Blumenkohl	Gemüse

Eine ebenfalls sehr häufig benutzte Funktion von SQL ist, die Limitierung der Ausgabe auf gewisse Zeilen. Dazu benutzt man die `WHERE`-Anweisung:

```
SELECT Lebensmittel.Name, Kategorie.Name
FROM Lebensmittel JOIN Kategorie
     ON Lebensmittel.Kategorie_Id = Kategorie.Id
WHERE Kategorie.Id = 2;
```

Diese Abfrage liefert folgendes Resultat:

Lebensmittel.Name	*Katagorie.Name*
Apfel	Obst
Banane	Obst

Praxistipp: Da Ihnen in der Praxis die Kategorie-ID von `Obst` vermutlich nicht bekannt sein dürfte, würde Sie sinnvollerweise stattdessen direkt den Kategorie-Namen verwenden:

```
SELECT Lebensmittel.Name, Kategorie.Name
FROM Lebensmittel JOIN Kategorie
     ON Lebensmittel.Kategorie_Id = Kategorie.Id
WHERE Kategorie.Name = 'Obst';
```

Verknüpfung von Tabellen mit `WHERE` statt `JOIN...ON`

Statt des `JOIN...ON` kann auch die `WHERE`-Anweisung genutzt werden, um die Verknüpfung der Tabellen abzubilden. Aus Gründen der Lesbarkeit empfiehlt es sich aber, die Tabellen mittels `JOIN...ON` zu verknüpfen.

Folgende SQL-Abfragen liefern exakt das gleiche Ergebnis (die Einrückung des SQL-Codes empfiehlt sich, um dessen Leserlichkeit zu erhöhen):

```
SELECT Lebensmittel.Name, Kategorie.Name
FROM Lebensmittel JOIN Kategorie
  ON Lebensmittel.Kategorie_Id = Kategorie.Id
WHERE Kategorie.Name = 'Obst';
```

```
SELECT Lebensmittel.Name, Kategorie.Name
FROM Lebensmittel, Kategorie
WHERE Lebensmittel.Kategorie_Id = Kategorie.Id
  AND Kategorie.Name = 'Obst';
```

Gruppieren von Datensätzen

Oft ist es in der Praxis so, dass man bei der Datenabfrage nicht an einzelnen Datensätzen, sondern vielmehr an bestimmten Eigenschaften einer Gruppe von Datensätzen interessiert ist.

Beispiel: *Wie viele Nahrungsmittel gibt es in jeder Kategorie* ?

```
SELECT count(Lebensmittel.Id), Kategorie.Name
FROM Lebensmittel JOIN Kategorie
  ON Lebensmittel.Kategorie_Id = Kategorie.Id
GROUP BY Kategorie.Name;
```

Resultat:

```
count(Lebensmittel.Id)  Kategorie.Name
2                       Obst
1                       Geflügel
```

Zur Beantwortung dieser Frage wurden gleich zwei neue SQL-Konzepte nötig:

1. `GROUP BY`: Mit dieser Anweisung werden Datensätze zusammengefasst, welche den gleichen Wert im angegeben Attribut aufweisen.
2. `COUNT()`: Mit dieser SQL-Funktion werden die Anzahl der Datensätze in jeder Gruppe bestimmt.

Es gibt noch eine Reihe von weiteren Funktionen in SQL:

`AVG()`: Bestimmt den Mittelwert
`MIN()`: Bestimmt den Minimalwert
`MAX()`: Bestimmt den Maximalwert

Weitere Funktionen in SQL

Neben den Funktionen, welche auf eine Gruppe von Daten angewandt werden, gibt es in SQL weitere hilfreiche Funktionen, um einzelne Werte umzuformen und auszugeben. Meist werden diese Funktionen im `SELECT`-Teil verwendet, um die Werte für die Anzeige ins richtige Format zu bringen. Sie können aber auch im `WHERE`-Teil benutzt werden, um umgeformte Werte zu filtern:

Beispiel:

```
SELECT Lebensmittel_Id
FROM Lebensmittel_Inhaltsstoff
WHERE round(Menge,0) = 0;
```

Resultat:

```
Lebensmittel_Id
1
2
```

> **Hinweis**
>
> Die Werte in der Datenbank werden durch den Einsatz von Funktionen nicht verändert. Wenn Sie das möchten, müssten Sie die Werte explizit mit einem `UPDATE` Statement in die Datenbank zurückschreiben. Dabei empfiehlt es sich, den ursprünglichen Wert nicht zu überschreiben, sondern ein neues Attribut dafür in der Datenbank anzulegen die Werte dort zu speichern. Im E.Tutorial werden Sie dies an einem Beispiel durchspielen.

Hier eine kurze Übersicht über jene Funktionen, welche in diesem Modul zum Einsatz kommen:

`ROUND()`: Rundet den Wert auf angegebene Anzahl Stellen (z.B. 2.3 aus 2.267)
`SUBSTR()`: Liefert ein Teilstück eines Strings zurück (z.B. "Mo" aus "Montag")
`STRFTIME()`: Umformen von Datums- und Zeitformate (z.B. 12 aus 12:43 Uhr)

Weitere SQL-Konstrukte

Begrenzen der Anzahl Einträge im Resultat mit LIMIT: Wenn Sie zum Beispiel herausfinden möchten, welches das teuerste Produkt in Ihrer Datenbank ist, können Sie eine Kombination aus absteigender Sortierung und einer Limitierung der Anzahl Einträge im Resultat nutzen:

Beispiel: Abfrage: *Welches ist das teuerste Produkt in der Datenbank?*

```
SELECT Lebensmittel.Name
FROM Lebensmittel
ORDER BY Lebensmittel.Preis DESC
LIMIT 1;
```

Mit `LIMIT 1` wird das Resultat auf den ersten Datensatz in der Ausgabeliste beschränkt. Ohne diese Limitierung würden alle Einträge der Tabelle ausgegeben, was die Abfrage bei einer grösseren Datenbank unnötig verlangsamen würde.

Suche mit LIKE: Wie Sie bisher gesehen haben, kann SQL dazu verwendet werden, die gewünschten Datensätze aus einer Datenbank auszulesen. Falls Sie dabei keinen exakten Begriff suchen, können Sie statt = auch `LIKE` in Kombination mit *Platzhalter*-Zeichen (`%`) verwenden:

Beispiel: Abfrage: *Welche Nahrungsmittel haben ein „n" im Namen?*

```
SELECT Lebensmittel.Name
FROM Lebensmittel
WHERE Lebensmittel.Name LIKE '%n%';
```

Resultat:

```
Lebensmittel.Name
Banane
Blumenkohl
```

Alterantiver Attributnamen anzeigen mit AS: Mittels der `AS`-Anweisung kann die Anzeige der Spaltenüberschriften festgelegt werden:

Beispiel: Abfrage: *Wie viele Nahrungsmittel haben beginnen mit dem Buchstaben "B"?*

```
SELECT COUNT(Lebensmittel.Id) AS Anzahl_Lebensmittel
FROM Lebensmittel
WHERE Lebensmittel.Bezeichnung LIKE 'B%';
```

Resultat:

```
Anzahl_Lebensmittel
2
```

SQL kann aber auch dazu verwendet werden, um bestehende Datensätze zu verändern oder zu löschen. Statt mit `SELECT` beginnen diese SQL-Befehle mit `UPDATE` oder `DELETE`. Dies werden Sie im E.Tutorial anhand eines konkreten Beispiels durchspielen.

Hinweis zur Arbeit mit Datenbanken in Code Expert

Wenn Sie in der Praxis z.B. auf einem Computer in einem Forschungslabor eine Datenaufbereitung mit Python und einer Datenbank machen, werden Sie diese Datenbankdatei lokal auf dem Computer abspeichern. Wenn Sie dort Daten importieren, löschen oder modifizieren, wird diese Datenbankdatei entsprechend geändert und Sie können einmal gelöscht Dateien nicht wiederherstellen. In Code Expert ist das anders: dort wird bei jedem Ausführen Ihres Programms die Datenbank auf den Ursprungszustand zurückgesetzt. Dh. wenn Sie dort Daten importieren, löschen oder modifizieren möchten, müssen Sie die entsprechenden Befehle bei jedem Programmaufruf erneut ausführen. Dadurch werden ihre Programme zwar etwas länger, dafür haben Sie aber die Gewissheit, dass nicht unverhofft die Datenbank irreparabel modifiziert wird.

Selbstständiger Teil

5.4 Einführung

Sie haben im E.Tutorial® anhand einer einfachen Datenbank einige wichtige Grundlagen kennengelernt, die beim Umgang mit Datenbanken von Bedeutung sind:

- Verwaltung von Daten in Python unter Verwendung des Moduls `sqlite3`.
- Verbindungsaufbau in Python zur Datenbank.
- Einfache und komplexere Abfragen über eine oder mehrere Tabellen.
- Nutzen von Funktionen in SQL-Abfragen.
- Behandlung von fehlenden Werten.
- Löschen und Modifizieren von Datensätzen.
- Erweitern der Datenbank mit weiteren Tabellen und Attributen.
- Importieren von Daten aus einer CSV-Datei.
- Weiterverarbeitung von Daten aus der Datenbank in Python.

Die Projektaufgabe gibt Ihnen die Möglichkeit, diese Fähigkeiten zu festigen und weitere Praxiserfahrung mit relationalen Datenbanken zu sammeln.

5.4.1 Kontext dieser Projektarbeit

In dieser Projektarbeit analysieren Sie die **Meteodaten des schweizerischen Klimamessnetzes** (Swiss NBCN). Informationen zu diesen Daten finden Sie auf dem *Open Data Portal* des Bundesamts für Meteorologie und Klimatologie (MeteoSchweiz)[1].

Diese Datensammlung fasst die klimatologisch wichtigsten Bodenmessstationen innerhalb des Messnetzes der MeteoSchweiz zusammen (siehe Abbildung 5.1). Dieses besteht aus 29 Klimastationen und 46 Niederschlagsstationen und beinhaltet die fünf Messgrössen Temperatur (mittlere, minimale, maximale), Niederschlag und Sonnenscheindauer aus dem Zeitraum von 1864 bis heute. Diese Stationen sind eingebunden in das internationale Referenznetzwerk (NBCN). Erfahren Sie mehr über die Wichtigkeit und die Pflege langjähriger Klimamessreihen im Video der World Meteorological Organization (WMO): `https://www.youtube.com/watch?v=c1PPrRBnuS8`

[1] `https://www.meteoschweiz.admin.ch/home/mess-und-prognosesysteme/bodenstationen/schweizer-klimamessnetz.html`

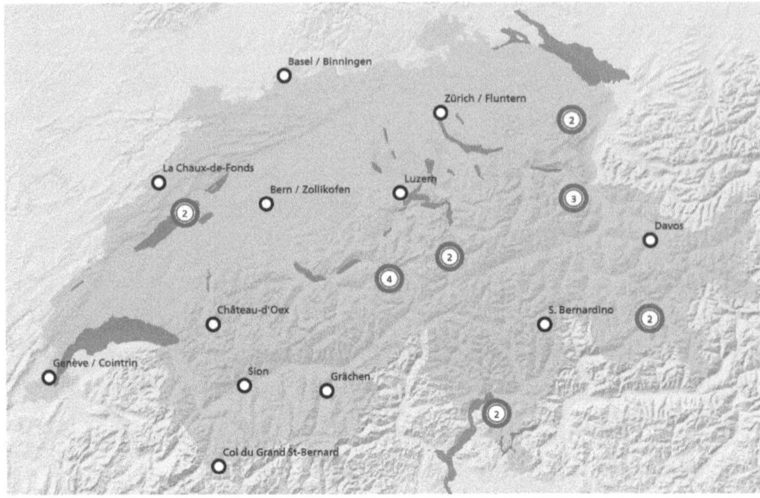

Abbildung 5.1: Übersicht über die Verteilung der 29 nbcn-Klimastationen in der Schweiz.

Die Daten können einzeln pro Messstation auf der Website des schweizerischen Geoportals[2] heruntergeladen werden. Wir haben für Sie die Daten einiger Stationen heruntergeladen und in zwei CSV-Dateien unter [Code Expert im Ordner `db_data` bereitgestellt:

- `stationen.csv` beinhaltet alle Informationen zu den 29 Messstationen in der Schweiz.
- `wetterdaten.csv` beinhaltet die täglichen Messdaten von ausgewählten Messstationen.
- `nbcn-ch.db` ist eine SQLite Datenbank mit allen Daten der Datei *wetterdaten.csv*. Mehr dazu weiter hinten im Text.

Die Daten sind unbereinigt und im Originalzustand. Wir haben lediglich die Messdaten der einzelnen Stationen in einer Datei aneinandergehängt. Tabelle 5.1 zeigt eine Übersicht über die in den beiden Dateien gespeicherten Daten resp. deren Attribute und Datentypen.

Sie brauchen somit für diese Projektaufgabe keine weiteren Daten herunterzuladen. Falls Sie eine detailliertere Beschreibung der Attribute in den beiden CSV-Dateien wünschen, dann finden Sie diese auf dem OpenData-Portal des Bundesamts für Statistik[3]. Laden Sie dort die ZIP-Datei herunter und öffnen Sie drin die Datei *1_how-to-download-nbcn-d.txt*. In dieser Textdatei finden Sie auch Informationen zum Download der einzelnen

[2] `https://opendata.swiss/de/dataset/klimamessnetz-tageswerte`

[3] `https://www.geocat.ch/geonetwork/srv/ger/md.viewer#/full_view/f42fe9a4-739f-43dc-8e3e-ee34513e3894`

wetterdaten.csv	
Kuerzel (FK)	TEXT
Datum	TEXT
Globalstrahlung	REAL
Schneehoehe	INTEGER
Bewoelkung	REAL
Luftdruck	REAL
Niederschlag	REAL
Sonnenscheindauer	REAL
TempMittel	REAL
TempMin	REAL
TempMax	REAL
Feuchte	REAL

stationen.csv	
Name	TEXT
Kuerzel (PK)	TEXT
WigosId	TEXT
Startdatum	TEXT
Stationshoehe	INTEGER
KoordE	INTEGER
KoordN	INTEGER
Lat	REAL
Long	REAL
Region	TEXT
Kanton	TEXT
UrlOld	TEXT
UrlNew	TEXT

Tabelle 5.1: Tabellenschemata der bereitgestellten CSV-Dateien. Zusätzlich wurde pro Attribut der Datentyp für die Datenbank angegeben.

Stationsdaten.

Hinweis

Die Wetterdaten der Datei `wetterdaten.csv` haben wir bereits für Sie in eine Datenbank importiert. Dazu haben wir eine Tabelle `Wetterdaten` mit den entsprechenden Attributen (vgl. Tabelle 5.1) erstellt und die Daten der CSV-Datei wie im E.Tutorial beschrieben mit `executemany()` importiert. Sie finden die Datenbankdatei unter `db_data/nbcn-ch.db`. Für die Daten der Textdatei `stationen.csv` müssen Sie dann im Abschnitt 5.5.3 selber eine neue Tabelle anlegen und die Daten importieren.

5.5 Aufgaben

Diese Projektaufgabe besteht aus folgenden Teilen:

1. Bereitgestellte Projektdaten studieren
2. Abfragen über eine Tabelle
3. Datenbank mit einer weiteren Tabelle erweitern
4. Abfragen über zwei Tabellen
5. Freiwillige weitere Aufgabenstellungen

Im Teil 1 und 2 werden Sie mit der bereitgestellten Wetterdatenbank arbeiten. Für die restlichen Teile werden Sie die Datenbank mit Informationen zu den einzelnen Messstationen erweitern. Die Abfragen umfassen dann jeweils die Informationen aus zwei Tabellen, welche Sie mittels `JOIN` oder `WHERE` verknüpfen werden.

5.5.1 Bereitgestellte Projektdaten studieren

Auf der Code Expert Plattform finden Sie alle für diese Projektarbeit benötigten Dateien. Darunter befindet sich auch die ersten Zeilen in der `main.py`-Datei, mit der die Verbindung zur Datenbank hergestellt wird.

Bevor Sie mit dem Schreiben von SQL-Code beginnen, sollten Sie sich anhand der folgenden Fragen mit dem Inhalt des Projekts auf Code Expert vertraut machen:

1. Öffnen Sie das Projekt der selbständigen Aufgabe auf der Code Expert Plattform.
2. Studierenden Sie die bereitgestellten Dateien
   - Was sind das für Dateien? Unterscheiden Sie zwischen:
     Python-Datei, Text/CSV-Datei, Datenbankdatei
3. Studieren Sie den Inhalt der Datei `main.py`. Was macht der vorgegebene Code?

4. Führen Sie ihn aus und wechseln Sie ins Tab "html". Was sehen Sie dort?
5. Studierenden Sie die Attribute und deren Datentypen der bereitgestellten Datenbank:

    a) Welche Attribute gibt es in dieser Tabelle? Wie heissen Sie?
    b) Welche Datentypen werden in dieser Tabelle verwendet?
    c) Verfügt diese Tabelle über einen Primärschlüssel? Was ist das überhaupt?

Wenn Sie die bereitgestellten Projektdaten verstanden haben, können Sie mit dem Schreiben von SQL-Code beginnen.

5.5.2 Abfragen über eine Tabelle

Aufgabe: Grösse der Datenbank

Wie viele einzelne Messwerte (Tuples) sind in der Tabelle `Wetterdaten` gespeichert? (*Schreiben Sie die SQL-Query in folgendes Feld oder nutzen Sie Snapshots in Code Expert, um den Code zu speichern.*)

```
SELECT ____________________________________________

FROM   ____________________________________________
```

Aufgabe: Stationen mit Wetterdaten

Von welchen Stationen gibt es Wetterdaten in der Datenbank? Nutzen Sie dazu die SQL-Funktion `GROUP BY`, um die Messwerte identischer Stationen zu gruppieren.

```
SELECT   __________________________________________

FROM     __________________________________________

GROUP BY __________________________________________
```

Aufgabe: Station mit den wenigsten Messwerten

Welches ist die Station mit den wenigsten Messwerten? Was könnte der Grund sein?

SELECT ____________________

____

____

____

Aufgabe: Ältester Messwert pro Station

Welches ist der älteste Messwert pro Station? Hilft Ihnen das Ergebnis der vorherigen Aufgabe bei der Beantwortung dieser Frage?

SELECT ____________________

____

____

____

Aufgabe: Tropennacht

An welchem Ort wurde die wärmste Tropennacht gemessen (`TempMin`)?

SELECT ____________________

____

____

____

5.5.3 Datenbank mit einer weiteren Tabelle erweitern

Nun werden Sie eine weitere Tabelle `Stationen` anlegen und die Stationsinformationen der Datei `stationen.csv` darin speichern. Bevor Sie dies tun, sollten Sie sich folgende

Punkte kurz überlegen:

- Wieso ist die Spalte `Kuerzel` der Tabelle `Wetterdaten` in Abbildung 5.1 mit `(FK)` markiert? Was bedeutet das? Wieso trägt dasselbe Attribut in der Tabelle `Stationen` die Bezeichnung (PK) und nicht auch (FK)?
- Wie viele **Fremdschlüssel** gibt es in dieser Datenbank? Wozu dienen diese?
- Erweitern Sie das Tabellenschema der Datenbank in Abbildung 5.1, indem Sie die **Beziehungen zwischen den Tabellen** einzeichnen. Beantworten Sie dabei folgende Fragen:

  - Welcher **Beziehungstyp** wird in der Datenbank verwendet?
  - Gibt es in der Datenbank eine **Zwischentabelle**? Wann braucht es diese?

Aufgabe: Legen Sie nun die Tabelle an und importieren Sie die Daten.

Mögliche Zwischenschritte

- Legen Sie mit `CREATE TABLE` eine neue Tabelle in der Datenbank an. Verwenden Sie die in Tabelle 5.1 aufgeführten 13 Attribute.
- Importieren Sie die Daten aus der Datei `stationen.csv`. Stellen Sie sicher, dass Sie das korrekte Trennzeichen (Delimiter) verwenden.
- Kontrollieren Sie mit der Ansicht unter "HTML", ob die Daten korrekt importiert wurden.

> **Hinweis**
>
> Falls Sie es nicht schaffen, eine neue Tabelle anzulegen und die Daten dort zu importieren, können Sie auch die von uns vorbereitete Datenbank verwenden. Diese beinhaltet alle Wetter- und Stationsdaten, so dass Sie die nachfolgenden Aufgaben trotzem bearbeiten können. Die Datenbank erreichen Sie unter dem Dateinamen `db_data/nbcn-ch-full.db`. Diese Datei befindet sich im gleichen Ordner wie `nbcn-ch.db` unter "Project Files". Da wir sie aus Gründen der Übersichtlichkeit versteckt haben, können Sie diese Datei jedoch nicht sehen. Sie können sie aber ganz normal in Ihrem Code verwenden. Sie brauchen dazu lediglich die Zeile `sqlite3.connect()` entsprechend abzuändern.

5.5.4 Abfrage über zwei Tabellen

Nun werden Sie Aufgaben bearbeiten, für die Sie eine Abfrage über beide Tabellen benötigen.

> **Hinweis**
> Die entsprechenden SQL-Abfragen werden möglicherweise etwas umfangreicher ausfallen, so dass Sie diese am besten in Form von Snapshots direkt in Code Expert speichern.

Aufgabe: Südlichste Messstation

Sie planen eine Studie über die Verbreitung von Neophyten in der Südschweiz und möchten gerne wissen, welches die südlichste Messstation in der Wetter-Datenbank ist und wie hoch deren mittlere Jahrestemperatur ist.

Mögliche Zwischenschritte

- Verknüpfung zwischen den Tabellen herstellten mittels `JOIN` oder `WHERE`.
- Geben Sie den Stationsnamen und die mittlere Tagestemperatur aus.
- Gruppieren nach Station.
- Bestimmen Sie den Mittelwert mit `avg`.

Aufgabe: Kältester Ort im Jura

Sie erhalten vom jurassischen Tourismusbüro den Auftrag, den Ort mit der tiefsten Tagestemperatur in der **Region Jura** zu bestimmen.

> **Hinweis**
> Nutzen Sie das Attribut "Region" der Tabelle `Stationen`, um alle Stationen in der Region Jura zu finden (diese umfasst mehrere Teilregionen). Beachten Sie, dass es fehlende Messwerte in der Datenbank gibt, die womöglich das Ergebnis verfälschen.

Aufgabe: Standort für Solaranlage

Sie arbeiten beim Energieunternehmen Bernische Kraftwerke AG (BKW) im Bereich der Förderung erneuerbaren Energiequellen. Ihre Aufgabe ist es, einen neuen Standort für eine grosse Solaranlage zu finden. Dieser Standort sollte eine möglichst hohe Globalstrahlung aufweisen[4]. Welchen Standort in der Westschweiz schlagen Sie vor?

[4] https://de.wikipedia.org/wiki/Globalstrahlung

> **Hinweis**
>
> Nutzen Sie die Längen- und Breitengrade für die grobe Eingrenzung der Orte in der Westschweiz ("Latitude > 46.5 und Longitude < 8).

Aufgabe: Vorgegebene SQL-Abfrage studieren

Sie haben eine neue Stelle angetreten und Ihnen wird folgende SQL-Abfrage Ihrer Vorgängerin vorgelegt. Offenbar versteht niemand so recht, was diese Abfrage genau macht. Versuchen Sie dies herauszufinden (auch wenn Sie bei uns im Kurs noch nicht alle verwendeten Konzepte kennengelernt haben).

Was ist speziell an folgender SQL-Abfrage?
Welche Fragestellung kann damit beantwortet werden?

```
SELECT a.TempMittel, b.TempMittel, a.Datum, a.Kuerzel
FROM Wetterdaten as a INNER JOIN Wetterdaten as b
     ON a.Datum = b.Datum
WHERE (a.Kuerzel = "LUZ" AND b.Kuerzel = "JUN")
      AND a.TempMittel < b.TempMittel
ORDER BY a.Datum ASC;
```

5.5.5 Erweiterungen

Hier finden Sie einige Ideen, wie Sie Ihre Aufgabe erweitern können:

> **Hinweis**
>
> Zum Lösen der Zusatzaufgaben kann die Funktion `substr()` hilfreich sein. Damit können Sie aus einem Wert oder einem String ein Stück herausschneiden. Beispiel: substr('Das ist ein Text',1,3) nimmt den String ab der ersten Position und schneidet ihn nach 3 Zeichen ab. Resultat: "Das"

Aufgabe: Anzahl Sonnentage in Basel (eher leicht)

Basel rühmt sich mit mediterranem Klima und 300 Sonnentagen pro Jahr[5]. Prüfen Sie diese These für die letzten 10 Jahre.

[5] https://www.basel.com/de/basel-inspiriert/sommer

Mögliche Zwischenschritte

- Schreiben Sie eine SQL-Abfrage, welche alle Werte von Basel ausgibt.
- Beschränken Sie das Resultat auf Tage mit `Sonnenscheindauer > 0`.
- Gruppieren Sie die Daten nach Jahr mit `substr(Datum, 1,4)`.
- Sortieren Sie die Daten nach Jahr absteigend.
- Begrenzen Sie die Ausgabe auf die ersten 10 Datensätze mit `LIMIT 10`.

Aufgabe: Längste Schönwetterperiode in Basel (mittel)

Sie möchten nun untersuchen, wie lange die längste Schönwetterperiode mit wolkenlosem Himmel in Basel andauerte.

Mögliche Zwischenschritte Diese Frage können Sie nicht komplett in SQL beantworten. Stattdessen nehmen Sie die Daten aus der Datenbank und bestimmen die Länge der Schönwetterperioden in Python:

- Schreiben Sie eine SQL-Abfrage, welche alle Bewölkungsdaten aus Basel nach Datum sortiert ausgibt.
- Speichern Sie das Resultat in einer Python-Variablen mit `y = cur.fetchall()`.
- Schreiben Sie in Python eine `for`-Schleife, wobei Sie für jedes Element der Liste die Sonnenscheindauer überprüfen.
- Fügen Sie einen Zähler ein, der bei jedem wolkenlosen Tag (`Bewoelkung==0`) eins hochgezählt wird.
- Speichern Sie den Zähler der bisher längsten Schönwetterperiode.
- Bei einem Tag mit Wolken, wird der Zähler zurückgesetzt.
- Geben Sie die Anzahl Tage der längsten Schönwetterperiode aus.

Aufgabe: Viertwärmster Juni seit Messbeginn? (ziemlich schwierig)

Meteoschweiz berichtete am 29. Juni 2021, dass in der Schweiz der viertwärmste Juni seit Messbeginn gemessen wurde[6]. Können Sie diese Aussagen anhand der Daten der Messstation in Lugano nachvollziehen? Wieso ist das Ergebnis anders, wenn Sie die Abfrage über alle Stationen machen?

[6] https://twitter.com/meteoschweiz/status/1409864060737294338

Mögliche Zwischenschritte

- Da Sie nur die Juni-Daten analysieren wollen, benötigen Sie nicht das ganze Datum, sondern können das Datum mit der Funktion `substr()` beschneiden: z.B. `substr(Datum,5,2)` liefert nur den Monat, `substr(Datum,1,6)` liefert das Jahr und den Monat.
- Schreiben Sie eine SQL-Abfrage, welche folgendes beinhaltet:
  - Es sollen nur Datensätze der Station in Lugano vom Juni jeden Jahres berücksichtigt werden.
  - Gruppieren Sie diese Juni-Datensätze nach Jahr.
  - Sortieren Sie die Liste gemäss der mittleren Temperatur jeder Gruppe.

Aufgabe: Schneehöhe pro Wochentag (schwierig)

Sie kommen am Sonntagabend nach einem langen Skitourenwochenende nach Hause. Das Wetter war gut, aber der wenige Schnee hat ihre Skier leider arg in Mitleidenschaft gezogen. In der Nacht beginnt es heftig zu schneien und Sie fragen sich, ob es tatsächlich so ist, dass die Schneedecke unter der Woche im Mittel höher ist als am Wochenende. Am nächsten Morgen wollen Sie das wissen und schreiben eine SQL-Abfrage. Sie wollen dazu die Funktion `strftime()` nutzen, um das Datum in einen Wochentag umzuformen (`%w`) und dann die Schneehöhen pro Wochentag zu gruppieren.

Mögliche Zwischenschritte

- Da die Funktion `strftime()` verlangt, dass das Datum in einer standardisierten Form vorliegt (z.B. "1981-04-16"), müssen Sie das `Datum` erst entsprechend umformatieren. Legen Sie in der Tabelle ein neues Attribut an und formen Sie das Datum entsprechend um:
  - Neues Attribut in der Tabelle `Wetterdaten` anlegen (z.B. `Datum_std` für "Datum standardisiert").
  - Datum umformen: Nutzen Sie folgendes Update-Statement, um das Datum umzuformen und ins neu angelegte Attribut abzuspeichern:

```
UPDATE Wetterdaten
SET Datum_std = substr(Datum, 1,4) || '-' ||
                substr(Datum, 5,2) || '-' ||
                substr(Datum, 7,2);
```

  - Gruppieren Sie die Daten nach `strftime('%w', w.Datum_std)` und geben Sie das Resultat der Abfrage aus.

5.6 Bedingungen für die Präsentation

1. **Erklären** Sie einer Assistentin oder einem Assistenten mit einfachen Worten den **Aufbau der Datenbank** des Klima-Referenzmessnetzwerk (NBCN).
2. In der Diskussion mit der Assistenzperson sollten Sie auf folgende Fragen vorbereitet sein:

- Wie werden Daten in einer relationalen Datenbank organisiert?
- Was ist der Unterschied zwischen Datenlisten und einer Tabelle einer relationalen Datenbank?
- Welche Datenbank-Schlüssel gibt es und wozu dienen sie?
- Welches sind die Grundelemente einer SQL-Abfrage?
- Wieso benötigt man in SQL-Abfragen relationale und logische Operatoren?
- Wozu dient das `JOIN...ON`?
- Zeigen Sie anhand eines Beispiels, wie `JOIN...ON`-Abfragen in `WHERE`-Abfragen umgewandelt werden können.
- Wozu sind Funktionen in SQL hilfreich? Zeigen Sie ein konkretes Beispiel in Ihrem Code.

Die Begriffe dieses Kursmoduls sollten Sie mit einfachen Worten erklären können.

E.Tutorial
www.et.ethz.ch

Programmieren mit Python oder MATLAB Modul 6

Matrizenrechnen, Monte-Carlo-Simulationen und Zufallsexperimente

Einführung

Autoren:

Lukas Fässler, Markus Dahinden

Begriffe

Vektor	Index/Indizes
Matrix/Matrizen	Diskretisierung
Dimension	Zufallsexperiment
Array	Stochastisches System
Zeile (Row)	Monte-Carlo-Simulation
Spalte (Column)	

Einführung

6.1 Modulübersicht

Hinweis zur Bearbeitung dieses Moduls

Die Aufgaben dieses Moduls können sowohl mit **Python** (mit den Bibliotheken *NumPy* und *matplotlib*) als auch mit **MATLAB®** bearbeitet werden. Falls Sie dieses Modul im Rahmen eines Kurses absolvieren, informieren Sie sich, in welcher Programmiersprache dieses Modul bearbeitet werden soll.

Mit diesem Modul werden folgende Ziele verfolgt:

1. **Einführung in die Konzepte für die Verarbeitung von Vektoren und Matrizen**: Vektoren und Matrizen sind die grundlegende Datenstruktur des Moduls *NumPy* von Python und von MATLAB®. In diesem Modul erhalten Sie eine Einführung direkt in einer der beiden Programmierumgebungen.
2. **Zufallsexperimente und Monte-Carlo-Simulationen**: Ihr bisher angeeignetes Programmierwissen soll in diesem Modul dazu verwendet werden, um Computer-basierte Zufallsexperimente (so genannte *Monte-Carlo-Simulation*) durchzuführen, auszuwerten und die Resultate zu interpretieren.

6.2 Über die Nachbildung natürlicher Phänomene im Computer

Wie kommt eine Naturwissenschaftlerin oder ein Naturwissenschaftler an Messwerte, die sich unmöglich am realen Objekt unter realen Bedingungen gewinnen lassen? Wie in vielen anderen technischen Bereichen liefern auch hier **Simulationen** die gewünschten Daten. Beispiele für solche Simulationen könnten Meeresströmungen oder die Darstellung eines Wirbeltierknochens im Computer sein, wie in Abbildung 6.1 illustriert ist. Um diese Art von Simulationen auszuführen, werden sogenannte **Finite-Elemente-Methoden** (FE-Methoden) angewandt.

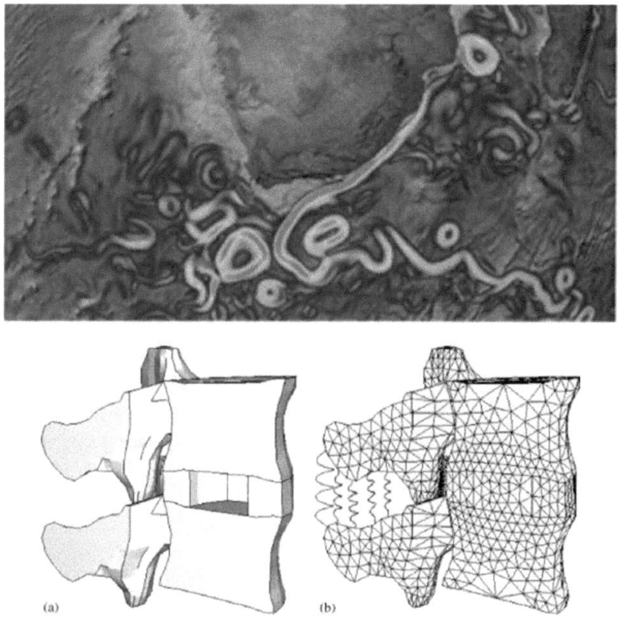

Abbildung 6.1: Beispiele von Simulationen unter Anwendung von FE-Methoden.

6.2.1 Mehr Einsicht durch höhere Rechenleistung

Mit der **FE-Methode** können Problemstellungen aus verschiedensten Disziplinen berechnet werden, indem das Berechnungsgebiet in eine grosse Zahl kleiner – aber endlich vieler – Elemente unterteilt wird. Die Elemente sind also endlich (*finit*) und nicht unendlich (*infinit*) klein, woraus sich der Name der Methode ableitet.

Auf diesen Elementen werden Ansatzfunktionen definiert, aus denen sich über **partielle Differentialgleichungen** und unter Einbezug der Randbedingungen ein grosses Gleichungssystem ergibt. Aus dem gelösten Gleichungssystem werden danach die gesuchten Resultate abgeleitet.

Ermöglicht wurde diese Art von Simulationen durch Fortschritte in der Computertechnologie (Rechenleistung) und durch neue Methoden der **numerischen Mathematik** (Genauigkeit der Berechnungen). Für die Anwendung von FE-Methoden werden spezielle Softwarepakete eingesetzt, die auf leistungsfähigen Computern zum Einsatz kommen.

Uns interessiert der oben beschriebene Ansatz deshalb, weil viele **komplexe Probleme** aus so unterschiedlichen Bereichen wie Technik, Wirtschaft oder den Naturwissenschaften mit Gleichungssystemen gelöst werden können und weil heutzutage auch kostengünstige

Computer bereits über genügend Leistung verfügen, um solche numerischen Methoden mit realistischem Aufwand anzuwenden. Dieses Modul ermöglicht einen einfachen Einstieg in diese Methodik.

6.2.2 Vereinfachung von Problemen durch Diskretisierung

In den für eine Problemlösung hergeleiteten Gleichungen kommen **unbekannte Grössen** vor, über die wir jedoch einiges wissen. Entstehen für die Lösung des Problems mehrere Gleichungen, dann sprechen wir von einem **Gleichungssystem**. Gelingt es, die unbekannten Grössen durch Lösen des Gleichungssystems rechnerisch zu bestimmen, dann ist auch das Problem gelöst.

Von besonderem Interesse im wissenschaftlich-technischen Rechnen ist die mathematische Modellierung **zeitlicher oder räumlicher Phänomene**. Dies führt in der Regel zu mehr oder weniger komplexen Differentialgleichungen, deren Lösung zu den kniffligeren Problemen der Mathematik gehört. Für die Lösung solcher Probleme gibt es prinzipiell zwei unterschiedliche Strategien:

1. Lösung durch Integration
2. Lösung durch Diskretisierung

Lösung durch Integration

Bei dieser Methode versucht man, durch Integration der Differentialgleichung eine mathematisch exakte Lösung als funktionalen Ausdruck formal zu bestimmen. Differentialgleichungen haben als Lösung Funktionen, die die Bedingungen ihrer Ableitungen erfüllen. Die Lösungsfunktion liefert damit hinsichtlich einer unabhängigen Variablen eine vollständige Beschreibung der Lösung.

Man kann demnach bei diesem analytischen Lösungsansatz das Verhalten der Differentialgleichung für beliebige Werte innerhalb des Definitionsbereiches der unabhängigen Variablen verfolgen. Man nennt diese Art der Lösung deshalb auch kontinuierliche Problemlösung. Dieser Lösungsweg kann wegen der erforderlichen Integration aber sehr schwierig oder gar unmöglich sein, denn es gibt Differentialgleichungen, deren Lösung sich nur sehr umständlich oder gar nicht durch eine Integralfunktion darstellen lässt.

Lösung durch Diskretisierung

Weil eine Lösung durch Integration bei den meisten Problemen in der wissenschaftlichen und technischen Praxis nicht möglich ist, werden sie häufig durch **Diskretisierung** näherungsweise gelöst. Diskretisierung ist ein zentraler Begriff in der numerischen Mathematik. Auch in der Technik wird er für die Zerlegung räumlicher Kontinua wie Oberflächen, geschwungener Linien etc. in kleine Abschnitte bzw. einzelne Punkte verwendet.

Eine Diskretisierung geschieht meist, indem Raum und Zeit durch ein Rechengitter in endlich viele Teile zerlegt werden. Die Ableitungen werden dann nicht mehr durch einen Grenzwert dargestellt, sondern durch Differenzen, formuliert als algebraische Ausdrücke, approximiert. Damit ergibt sich entweder eine direkte Lösungsvorschrift oder ein System von Differenzengleichungen für die jeweiligen diskreten Punkte, welches dann mittels numerischer Verfahren gelöst werden kann.

Man ersetzt das vollständige Integrieren einer Funktion also durch die näherungsweise Berechnung (des zu bestimmenden Integrals) in einem vorgegebenen Bereich. Um die Methode zu illustrieren, wählen wir die Funktion

$$f(x) = \left(\frac{1}{1+x^2}\right),$$

welche über dem Intervall [0, 1] integriert werden soll.

Die analytische Lösung ist gegeben durch

$$\int_0^1 \left(\frac{1}{1+x^2}\right) dx = \arctan(1) - \arctan(0) = \frac{\pi}{4} - 0 \approx 0.785398$$

Abbildung 6.2 illustriert die Vorgehensweise bei der Diskretisierung des Intervalls in 10 Abschnitte.

Eine Näherung an die analytische Lösung wird durch die Summe der Rechtecksflächen unterhalb der Funktionskurve gegeben.

$$0.1 \cdot \left(\frac{1}{1+0.1^2}\right) + 0.1 \cdot \left(\frac{1}{1+0.2^2}\right) + 0.1 \cdot \left(\frac{1}{1+0.3^2}\right) + \cdots + 0.1 \cdot \left(\frac{1}{1+1^2}\right)$$

„Numerische Lösungen“ dieser Art sind wesentlich einfacher zu berechnen, liefern aber keine ganz genauen Lösungen; in unserem Beispiel weicht die numerische Lösung um 0.025417 (ca. 3%) von der exakten Lösung ab. Solche numerischen Methoden können sogar unstabil sein (d.h. nicht gegen die wahre Lösung konvergieren) oder so ungenau rechnen, dass sie unbrauchbar sind.

Die berechnete Lösung der Differentialgleichung besteht auch nicht mehr aus einer (geschlossen darstellbaren) kontinuierlichen Funktion, sondern aus einer Menge einzelner,

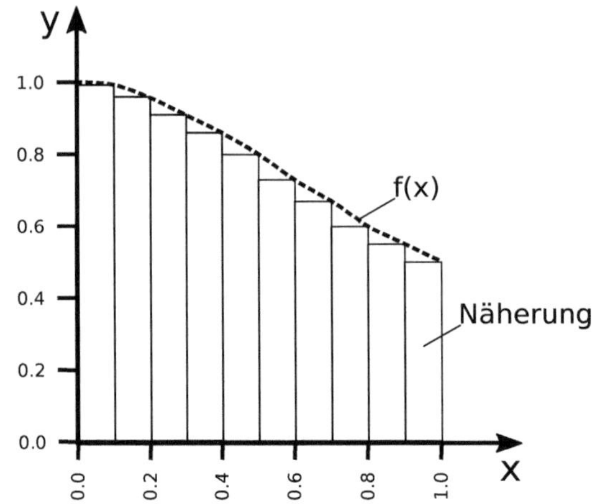

Abbildung 6.2: Diskretisierung des Intervalls in 10 Abschnitte.

diskreter Werte, die allerdings für praktische Anwendungen oft völlig ausreichen.

Bei gewissen Aufgabenstellungen ist die Diskretisierung durch das Problem bereits weitgehend vorgegeben. Das ist beispielsweise bei räumlichen Fachwerken oder Rahmenkonstruktionen der Fall, weil dort die einzelnen Stäbe, Balken oder unterteilten Balkenstücke die Teile der Aufgabe darstellen.

Eine Diskretisierung eindimensionaler Objekte führt zu einer Zerlegung in Teile, die in Vektoren gespeichert werden; für zwei- und höher-dimensionale Objekte kommen Matrizen zur Anwendung.

6.3 Mathematische Software

Für die Lösung diskretisierter Probleme sind deshalb Matrix-orientierte **Mathematik-Software** besonders vorteilhaft, weil diese es erlauben, dass Probleme der linearen Algebra in kompakter Form beschrieben und gelöst werden können. Mathematik-Software unterscheidet sich von anderen Softwarepaketen dadurch, dass sie speziell für mathematische Aufgabenstellungen optimiert ist. Es wird unterschieden zwischen **numerischen und symbolischen Methoden**.

Beispiele für symbolische Mathematik-Software sind Maple® und Mathematica®. Beide Pakete bieten auch numerische Methoden an. Beispiele für numerische Mathematik-Software sind MATLAB® (oder die Open-Source-Alternativen OCTAVE und SCILAB).

In Python erlauben die beiden Bibliotheken *NumPy* und *matplotlib* eine ähnliche Funktionalität wie MATLAB®. Während *NumPy* auf die effiziente Verarbeitung von Vektoren und Matrizen fokussiert, ermöglicht *matplotlib* vielfältige Datenvisualisierungen.

6.3.1 Matrizenrechnen in Python mit NumPy

Die Erweiterungs-Bibliothek **NumPy** (Abkürzung für *Numeric Python*) von Python ermöglicht eine effiziente Handhabung von **Vektoren** und **Matrizen** und stellt zahlreiche Funktionen für numerische Berechnungen bereit. Eine ausführliche Dokumentation ist unter https://numpy.org/ zu finden.

Bevor `NumPy` genutzt werden kann, muss die Bibliothek installiert und importiert werden. Folgende Anweisung importiert `NumPy` und benennt es in `np` um:

```
import numpy as np
```

Datenstruktur von NumPy-Arrays

NumPy basiert auf der *ndarray*-Datenstruktur (n steht für n-dimensional). Im Gegensatz zur Listen-Datenstruktur von Python haben *NumPy*-**Arrays** folgende Eigenschaften:

- eine **feste Grösse**, die bei der Erstellung angegeben werden muss,
- alle Elemente sind vom **gleichen Datentyp**,
- **spezielle Funktionen** ermöglichen effiziente numerische Berechnungen.

Da *NumPy*-Arrays schneller sind als Python-Listen, sind sie in der wissenschaftlichen Welt weit verbreitet.

NumPy-Vektoren (1-dimensionaler Array)

Vektoren werden typischerweise mit Kleinbuchstaben bezeichnet. Ein *NumPy*-Vektor a mit 3 Elementen kann wie folgt mit der Funktion `array()` erstellt werden:

```
a = np.array([1,2,3])
```

Optional kann zusätzilch der Datentyp (z.B. `int`) angegeben werden:

```
a = np.array([1,2,3],int)
```

Da häufig Vektoren mit **Einheitswert 0 oder 1** gebraucht werden, gibt es hierfür die Funktionen `zeros()` oder `ones()`.

Beispiel für einen Vektor b mit 100 Elementen und Einheitswert 0:

```
b = np.zeros(100)
```

Beispiel für einen Vektor c mit 100 Elementen und Einheitswert 1 vom Datentyp `float`:

```
c = np.ones(100, float)
```

Die **Indexierung** einzelner Elemente von *NumPy*-Vektoren funktioniert gleich wie bei Python-Listen. **Bereiche** (*Slices*) können mit einem Doppelpunkt angegeben werden. Die ersten beiden Elemente des Vektors c kann beispielsweise wie folgt angesprochen und ausgegeben werden:

```
print(c[0],c[1])
print(c[0:2])

# Ausgabe
# 1.0, 1.0
# 1.0, 1.0
```

NumPy-Matrizen (2-dimensionaler Array)

Matrizen werden typischerweise mit Grossbuchstaben bezeichnet. Eine *NumPy*-Matrix A mit 3×3 Elementen kann wie folgt erstellt werden:

```
A = np.array([[1, 2, 3], [4, 5, 6], [7, 8, 9]])
```

Matrizen mit **Einheitswert 0 oder 1** können mit den Funktionen `zeros()` oder `ones()` unter Angabe der Zeilen- und Spaltenzahl erstellt werden.

Beispiel für eine Matrix B mit 100×100 Elementen und mit Einheitswert 0 vom Datentyp `int`:

```
B = np.zeros((100,100),int)
```

Auf einzelne Elemente einer Matrix wird mit zwei Indizes für die Zeile und die Spalte verwiesen. Das Element in der ersten Zeile, zweite Spalte der Matrix B kann beispielsweise wie folgt angesprochen und mit einem Wert beschrieben werden:

```
B[0,1] = 1
```

Der Bereich 2. bis 3. Zeile, 1. bis 2. Spalte kann wie folgt angesprochen und mit einem Wert beschrieben werden:

```
B[1:3,0:2] = 1
```

NumPy-Funktionen (Auswahl)

Eine der Vorteile von *NumPy* ist die schnelle Ausführung von Berechnungen mittels **integrierter Funktionen**.

Funktionen zur Bestimmung der Array-Grösse Zwei wichtige *NumPy*-Funktionen sind `size()` und `shape()`, mit deren Hilfe **Array-Grössen** bestimmt werden können. `size()` liefert die Anzahl Elemente und `shape()` die Anzahl Zeilen und Spalten.

In folgendem Beispiel wird die Anzahl der Elemente und die Anzahl Zeilen und Spalten der Matrix C bestimmt:

```
C = np.array([[1,1,1],
              [1,1,1]])

# gibt die Anzahl der Elemente zurück.
print(C.size)

# gibt die Anzahl der Zeilen und Spalten zurück.
print(C.shape)

# Ausgabe:
# 6
# (2,3)
```

Funktionen für Zufallszahlen Mit der Funktion `random()` können ganze Vektoren und Matrizen mit **Zufallszahlen** gefüllt werden.

`random.rand()` erzeugt Zufallszahlen zwischen 0 und 1:

```
# liefert drei Zufallszahlen im Bereich 0 und 1.
d = np.random.rand(3)

# Mögliche Ausgabe
# [0.89411338 0.41118649 0.5209055]
```

`random.randint(0,n)` erzeugt **ganzzahlige Zufallszahlen** im Bereich 0 bis n-1:

```
# liefert 10 Mal zufällig die Werte 0 oder 1.
e = np.random.randint(0, 2, size=10)

# Mögliche Ausgabe
# [1 0 1 1 1 1 1 0 0 0]
```

Statistische Funktionen *NumPy* hat eine ganze Reihe **statistischer Funktionen** integriert, mit deren Hilfe Berechnungen auf Vektoren und Matrizen durchgeführt werden können. Hier soll nur eine kleine Auswahl gezeigt werden.

```
f = np.array([13.65, 18.23, 21.92, 17.56])

print(np.sum(f))
print(np.min(f))
print(np.max(f))
print(np.mean(f))
print(np.sort(f))

# Ausgabe:
# 71.36 (Summe)
# 13.65 (Minimum)
# 21.92 (Maximum)
# 17.84 (Mittelwert)
# [13.65 17.56 18.23 21.92] (Sortierte Liste)
```

6.3.2 Matrizenrechnen in MATLAB®

Matrizen sind die Grundelemente in MATLAB® (https://ch.mathworks.com/). **Vektoren** sind ein Spezialfall von Matrizen, nämlich solche mit entweder der Spaltenanzahl oder der Zeilenanzahl 1. Auch **Einzelvariablen** werden in MATLAB® als Matrizen ((1 × 1)-Matrizen) behandelt. Matrizen und Vektoren können auf verschiedene Arten erzeugt werden:

Element-Werte eingeben

```
[1 2 3; 4 5 6; 7 8 9]
```

erzeugt eine (3×3)-Matrix. Die Element-Werte werden mit eckigen Klammern umschlossen. Die Elemente einer Zeile werden durch Leerschläge getrennt. Die Zeilen werden durch Semikola (Strichpunkte) getrennt.

```
[1 2 3]
```

erzeugt einen horizontalen Vektor mit drei Werten.

```
[1; 2; 3]
```

erzeugt einen vertikalen Vektor mit drei Werten.

Namen für Vektoren und Matrizen

Um einmal eingegebene Vektoren und Matrizen später weiter verwenden zu können, werden diesen Namen gegeben. Man spricht von Vektor- oder Matrixvariablen. Der Variablenname besteht aus einem oder mehreren Buchstaben. Vektoren werden typischerweise mit Kleinbuchstaben bezeichnet und Matrizen mit Grossbuchstaben.

Beispiel für einen Vektor b:

```
b = [1; 2; 3];
```

Beispiel für eine Matrix A:

```
A = [1 2 3; 4 5 6; 7 8 9];
```

Initialisierung grosser Matrizen

Grosse Matrizen können wie folgt erzeugt und mit Werten initialisiert werden:

```
A (1:100, 1:100) = 5;
```

Hiermit wird eine (100×100)-Matrix A erzeugt, die mit lauter Fünfen gefüllt ist.

```
A(1, 1:10) = 5;
```

füllt die Fünfen in der ersten Zeile in die Spalten 1 bis 10.

Weil die Initialisierung von Matrizen mit den Werten 0 oder 1 häufig vorkommt, gibt es hierfür je Kurzformen.

```
B = zeros(100,100);
```

initialisiert eine (100×100)-Matrix B mit lauter Nullen.

```
C = ones(100,100);
```

initialisiert eine (100×100)-Matrix C mit lauter Einsen.

Einige MATLAB-Sprachelemente (Auswahl)

Kommentare

```
% Kommentar in MATLAB
```

Was nach einem `%` steht, wird nicht ausgeführt (Kommentar).

Hilfe

```
help befehl
```

zeigt Hilfe zum Befehl `befehl` an.

Speicher löschen

```
clear;
```

```
clearvars;
```

entfernt alle Variablen aus dem aktuellen Workspace.

Vektoren

```
v = [1 2 3];
```

erzeugt einen (1×3)-Vektor v mit den Zahlen 1, 2 und 3.

```
v = [1; 2; 3];
```

erzeugt einen (3×1)-Vektor v mit den Zahlen 1, 2 und 3.

```
L = length(v);
```

speichert die Länge des Vektors v in L.

Matrizen

```
M = [11 12 13; 21 22 23];
```

erzeugt eine (2×3)-Matrix.

```
[h,b] = size(M);
```

speichert die Grösse einer Matrix M in den beiden Variablen h und b.

```
M(1,3)
```

entspricht dem Element $(1, 3)$ der Matrix M.

```
M(2,:)
```

entspricht der zweiten Zeile der Matrix M.

```
M(:,3)
```

entspricht der dritten Spalte der Matrix M.

```
M(2:4,1:3)
```

entspricht der (3×3)-Submatrix der Matrix M mit den Zeilen 2 bis 4 und den Spalten 1 bis 3.

```
A(1:20,1:100) = 5;
```

erzeugt eine (20×100)-Matrix gefüllt mit Fünfen.

```
b = zeros(1,100);
```

initialisiert einen (1×100)-Vektor b mit lauter Nullen.

Operatoren Die Tabellen 6.1 und 6.2 fassen die wichtigsten Operatoren in MATLAB zusammen.

Operator	Ausdruck	Beschreibung
>	A > B	grösser als
<	A < B	kleiner als
==	A == B	gleich
~=	A ~= B	ungleich
>=	A >= B	grösser oder gleich
<=	A <= B	kleiner oder gleich

Tabelle 6.1: Relationale Operatoren in MATLAB.

Operator	Ausdruck	Beschreibung
&&	A && B	logische UND-Verknüpfung
||	A || B	logische ODER-Verknüpfung
~	~A	logische NOT-Verknüpfung

Tabelle 6.2: Logische Operatoren in MATLAB.

Fallunterscheidungen

```
p = true;
if (p == true)
    disp('Anweisung 1');
else
    disp('Anweisung 2');
end
```

führt Anweisung 1 aus (Bedingung trifft zu),

```
p = false;
if (p == true)
    disp('Anweisung 1');
else
    disp('Anweisung 2');
end
```

führt Anweisung 2 aus (Bedingung trifft nicht zu).

Schleifen

```
for i = 1:n
    disp(i);
end
```

führt die Anweisungen innerhalb der for-Schleife n-mal aus.

```
i = 0;
while i < n
    i=i+1;
end
```

führt die Anweisungen innerhalb der while-Schleife n-mal aus.

```
break;
```

ermöglicht das sofortige Beenden von for- und while-Schleifen.

Funktionen

```
z = meineFunktion(5,10);
disp(z);

% Funktion "meineFunktion"
% mit den beiden Parametern pm1 und pm2 und
% der Rückgabevariablen rw

function [rw] = meineFunktion(pm1,pm2)
    rw = pm1*pm2;
end
```

Die Funktion *meineFunktion* wird aufgerufen und die Werte 5 und 10 an die beiden Parameter $pm1$ und $pm2$ übergeben. Das Resultat der Funktion (hier der Wert 50) wird über die Rückgabevariable rw zurückgegeben und in z gespeichert.

Zufall

```
rand();
```

liefert eine Pseudo-Zufallszahl zwischen 0 und 1.

```
randi([a,b]);
```

liefert eine ganzzahlige Pseudo-Zufallszahl im Intervall a bis b.

6.4 Monte-Carlo-Simulationen: Computerbasierte Zufallsexperimente

Die **Monte-Carlo-Simulation**, benannt nach dem Spielcasino in Monte-Carlo, ist ein Verfahren aus der Stochastik, bei dem sehr häufig wiederholte **Zufallsexperimente** die Grundlage bilden. Aus den Ergebnissen der Simulation wird versucht, mit Hilfe der Wahrscheinlichkeitstheorie analytisch unlösbare Probleme numerisch zu lösen.

Die Abbildungen 6.3 und 6.4 visualisieren die experimentelle Annäherung an die Kreiszahl Pi mittels Monte-Carlo-Methode. Mit Hilfe von Zufallszahlen werden Punkte innerhalb eines Quadrates erzeugt und die Anzahl ermittelt, die innerhalb des Kreises liegen. Mit der Erhöhung der Anzahl der Zufallsexperimente kann ein immer präziseres Ergebnis erzielt werden. Nach dem *Gesetz der grossen Zahlen* wird die Wahrscheinlichkeit, dass ein „falsches“ Ergebnis berechnet wird, immer geringer.

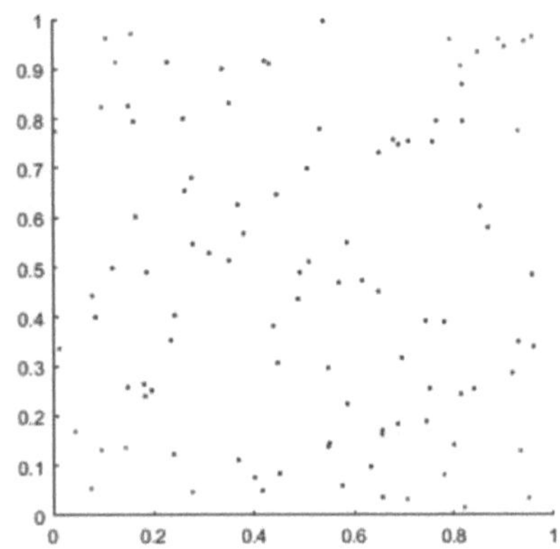

Abbildung 6.3: Bestimmung der Zahl Pi mittels Monte-Carlo-Simulation. Es werden Paare von Zufallszahlen genieriert, welche einen Punkt in einem Quadrat erzeugen. Punkte, die innerhalb des Kreises liegen, werden als Treffer betrachtet.

Bei einer Monte-Carlo-Simulation wird typischerweise wie folgt vorgegangen:

- Für ein vorliegendes Problem wird ein stochastisches Modell entwickelt. Für unbekannte Parameter werden Zufallszahlen bestimmt.
- Anhand des Modells werden eine grosse Anzahl an Zufallsexperimenten durchgeführt.
- Die Ergebnisse der Zufallsexperimente werden ausgewertet und auf den statistischen Parameter geschätzt.

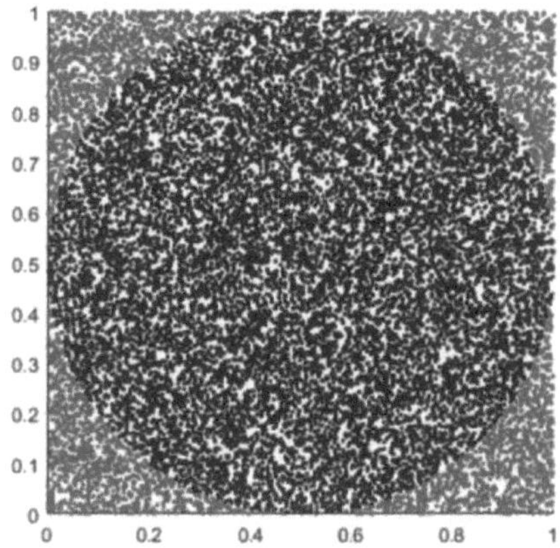

Abbildung 6.4: Bestimmung der Zahl Pi mittels Monte-Carlo-Simulation. Mit der Erhöhung der Anzahl der Experimente kann die Kreiszahl Pi näherungsweise bestimmt werden.

- Die gewonnene Schätzung wird abschliessend als Lösung eines mathematischen Problems interpretiert.

Selbstständiger Teil

6.5 Überblick

Der selbstständige Teil dieses Kurses besteht aus folgenden Teilen:

- Teil A: Modellierung eines stochastischen Systems (Galton-Board)
- Teil B: Tic Tac Toe-Spiel
- Teil C: Waldbrand-Simulation

Hinweis zur Bearbeitung dieses Moduls

Die Aufgaben dieses Moduls können sowohl mit **Python** (mit den Bibliotheken *NumPy* und *matplotlib*) als auch mit **MATLAB®** bearbeitet werden. Falls Sie dieses Modul im Rahmen eines Kurses absolvieren, informieren Sie sich, in welcher Programmiersprache dieses Modul bearbeitet werden soll.

6.6 Teil A: Modellierung eines stochastischen Systems

6.6.1 Einleitung

Das *Galton-Board* (benannt nach *Francis Galton*) ist ein Modell eines „Nagelbretts" zur Demonstration und Veranschaulichung der Binomialverteilung, einer Wahrscheinlichkeitsverteilung, die in vielen Zufallsexperimenten eine Rolle spielt.

In Abbildung 6.1 ist ein mögliches *Galton-Board* visualisiert. Von einer Startposition rollt eine Kugel eine schiefe Ebene hinunter, trifft auf eine Reihe von Nägeln und landet schlussendlich in einem Auffangbehälter. Nachdem die Kugel auf den ersten Nagel getroffen ist, wird ihr Weg mit gleicher Wahrscheinlichkeit rechts oder links vom Nagel fortgesetzt. Nach einer bestimmten Anzahl von Entscheidungen, d.h. wenn die Kugel durch das ganze Nagelbrett gerollt ist, landet sie mit einer gewissen Wahrscheinlichkeit in einem der Behälter.

Der Weg einer einzelnen Kugel kann nicht vorausgesagt werden. Wird hingegen eine grosse Anzahl Kugeln nacheinander durch das System geschickt, findet man eine charak-

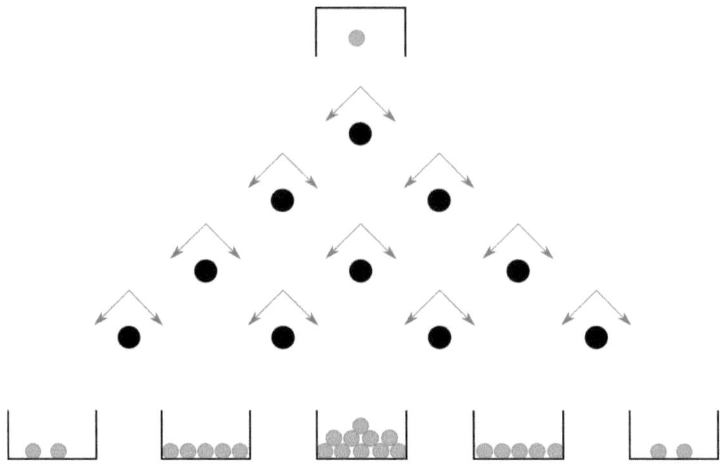

Abbildung 6.1: Nagelbrett der Höhe vier. Bei jedem Nagel (schwarzer Kreis) wird die Kugel (graue Kreise) zufällig nach links oder rechts abgelenkt.

teristische Wahrscheinlichkeitsverteilung in den Behältern. Diese Wahrscheinlichkeiten heissen Bernoulli-Zahlen und stellen eine Binominalverteilung dar.

Bei **stochastischen Systemen** können wir bei einem Einzelereignis nicht voraussagen, wie es sich verhalten wird. Summieren wir hingegen die Einzelprozesse, kann ein im Voraus einschätzbares (deterministisches) System simuliert werden.

6.6.2 Aufgabenstellung

Sie haben die Aufgabe, eine *Galton-Board*-Simulation zu programmieren, welche folgende Anforderungen erfüllt:

- Es können verschiedene Werte für die **Höhe** und **Anzahl Kugeln** eingegeben werden.
- Als Resultat sollen die **Anzahlen der Kugeln** in den einzelnen Behältern ausgegeben und visualisiert werden (siehe Abbildung 6.2). Wir verzichten auf eine detaillierte Abbildung des Modells auf dem Bildschirm.

6.6.3 Zwischenschritte

Die Zwischenschritte der Aufgabe im Überblick:

- Schritt 1: Entscheidung einer Kugel an einem Nagel

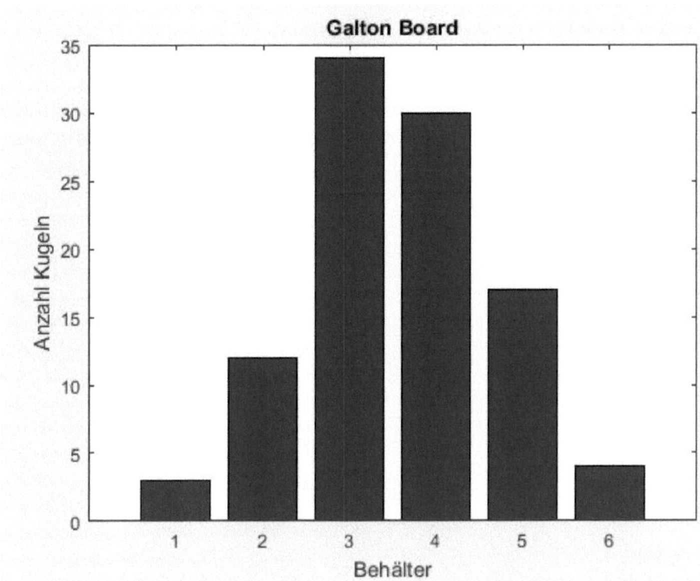

Abbildung 6.2: Mögliche Ausgabe des Programms nach Eingabe der Werte 5 und 100.

- Schritt 2: Höhe dynamisch gestalten
- Schritt 3: Position einer Kugel nach einem Nagelbrett-Durchlauf
- Schritt 4: Kugel-Behälter einbauen
- Schritt 5: Position in Behälternummer umrechnen
- Schritt 6: Zähler für viele Kugeln einbauen
- Schritt 7: Visualisierung des Resultats

Schritt 1: Entscheidung einer Kugel an einem Nagel

- Generieren Sie eine Zufallszahl für eine 50:50-Entscheidung.

Als Erstes schauen wir uns das Ereignis einer Kugel an einem Nagel an. Trifft eine Kugel auf dem Nagelbrett auf einen Nagel und rollt dann mit gleicher Wahrscheinlichkeit entweder links oder rechts weiter, stellt dies bezüglich der Wahrscheinlichkeit dasselbe Problem dar, wie wenn wir bei einer Münze auf *Kopf* oder *Zahl* setzen können – eine 50:50-Wahrscheinlichkeitsentscheidung.

Da wir beim Programmieren weder eine Münze noch ein Nagelbrett und eine Kugel zur Verfügung haben, müssen wir versuchen, das Problem mathematisch zu definieren: Zunächst wird eine **Zufallszahl** generiert, welche dann anhand eines definierten Grenzwertes in zwei Bereiche „links“ oder „rechts“ bzw. 0 und 1 unterteilt werden kann.

- Weisen Sie der generierten Zufallszahl je nach Höhe ihres Wertes die Zahl 0 oder 1 zu.

Eine 50:50-Entscheidung sollte den gewählten Zahlenraum in zwei gleich grosse Teile unterteilen. Für jeden Fall weisen wir je ein Resultat zu. An Stelle von „links“ oder „rechts“ setzen wir hier eine neue Variable auf die beiden Werte 0 oder 1, weil wir diese rechnerisch weiter verwenden können.

Mögliche Ausgaben:

```
Zufallszahl:
0.3833
Variablenwert:
0

Zufallszahl:
0.7287
Variablenwert:
1
```

Schritt 2: Höhe dynamisch gestalten

- Wiederholen Sie die Entscheidungsprozesse für die Nagelbretthöhe h.

Auf einem Nagelbrett durchläuft eine Kugel eine Reihe solcher im letzten Schritt programmierter Entscheidungsprozesse. Wie viele Entscheidungsprozesse aufeinander folgen, ist abhängig von der **Anzahl der Nagelreihen**, also der **Höhe des Nagelbrettes**.

Mögliche Ausgaben:

```
Höhe? 5
1
0
0
1
0
```

Schritt 3: Position einer Kugel nach dem Nagelbrett-Durchlauf

- Bestimmen Sie die Position einer Kugel nach dem Nagelbrett-Durchlauf der Höhe h und geben Sie diese in der Konsole aus. Welche möglichen Werte gibt es?

Mögliche Ausgaben:

```
Höhe? 4
1
1
1
0

Summe:
3

Höhe? 5
0
0
1
0
1

Summe:
2
```

Schritt 4: Kugel-Behälter einbauen

Damit wir mehrere Kugeln durch unser Nagelbrett schicken können, brauchen wir am Ende des Nagelbretts „Behälter“, in denen die Kugeln aufgefangen und dann später gezählt werden. Die Anzahl der Behälter hängt ebenfalls von der gewählten Höhe ab.

- Berechnen Sie die Anzahl der Behälter.
- Stellen Sie für jeden Behälter Speicherplatz als Zelle in einem dynamischen Vektor zur Verfügung.
- Geben Sie die entsprechenden Speicherplätze am Bildschirm aus (sie enthalten momentan noch jeweils den Wert 0).

> **Hinweis:** Beachten Sie, dass die Anzahl der Behälter mit der Höhe des Nagelbretts zusammenhängt.

Mögliche Ausgabe:

```
Höhe? 5
0
1
1
0
1

Summe:
3

Kugeln in den Behaeltern:
0    0    0    0    0    0
```

Schritt 5: Position in Behälternummer umrechnen

- Berechnen Sie die Nummer des Behälters, in den eine Kugel nach dem Durchlauf durch das Nagelbrett mit einstellbarer Höhe gefallen ist.

> **Tipp:** Die Position nach dem Durchlauf einer Kugel durch das Nagelbrett ist in Ihrem momentanen Programm die Summe der Einzelentscheidungen abhängig von der Höhe (z.B. 0, 1, 2, 3 oder 4 für die Höhe 4). Die Behälter sind als Vektor repräsentiert, dessen Grösse mit der Höhe variiert. Um mit der Position den Indexwert des Vektors ansprechen zu können, muss der Wert der Position noch um 1 erhöht werden.

Mögliche Ausgabe:

```
Höhe? 5
0
1
1
0
1

Summe:
3

gelandet in Behälter:
4

Kugeln in den Behaeltern:
0    0    0    0    0    0
```

Schritt 6: Zähler für viele Kugeln einbauen

- Wiederholen Sie die Entscheidungsprozesse für **viele Kugeln** und das **Zählen der Anzahl Kugeln** im entsprechenden Behälter.

Zwischenschritte:

- Programmieren Sie eine Eingabemöglichkeit für die Anzahl Kugeln.
- Wiederholen Sie für jede Kugel den Weg durch das Nagelbrett.
- Erhöhen Sie in jenem Behälter die Anzahl Kugeln, in den sie gefallen ist.

> **Tipp:** Die Summe der Einzelentscheidungen einer Kugel muss für jede Kugel wieder bei 0 beginnen.

Mögliche Ausgabe:

```
Höhe? 5
Anzahl Kugeln? 100
...
...
...
Kugeln in den Behaeltern:
5     15     39     29     9     3
```

Schritt 7: Visualisierung des Resultats

- Stellen Sie die berechneten Resultate in einem Diagramm grafisch dar.

6.6.4 Erweiterung

- Erweitern Sie Ihr Galton-Board zu einer Animation.

6.7 Teil B: Tic Tac Toe-Spiel

6.7.1 Einleitung

Beim Spiel *Tic Tac Toe* setzen zwei spielende Personen auf einem quadratischen Spielfeld der Grösse 3×3 abwechselnd ihr Zeichen (z.B. Kreuze und Kreise) in ein freies Feld (siehe Beispiel in Abbildung 6.3). Die Person, die als erste drei Zeichen in eine Zeile, Spalte oder Diagonale setzen kann, gewinnt.

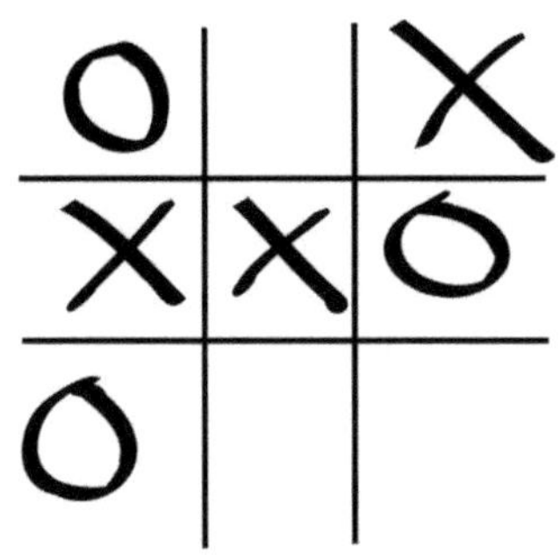

Abbildung 6.3: Spiel Tic Tac Toe (Details siehe Text).

6.7.2 Aufgabenstellung

Bei Ihrem Tic Tac Toe-Spiel sollen abwechselnd die beiden Zeichen `X` oder `O` in ein 3×3-Spielbrett gesetzt werden. Sobald eine der beiden Zeichen eine Diagonale erreicht hat, soll das Spiel enden.

So könnte das fertige Tic Tac Toe-Spiel aussehen:

```
  S 1 2 3
Z -------
1 | O . X
2 | O X X
3 | . . O

Zeile: 3
Spalte: 1

Game over. Spielerin 1 hat gewonnen!
```

6.7.3 Zwischenschritte

- Erstellen Sie ein 3×3-Spielfeld (siehe Boss Puzzle-Spiel im E.Tutorial®).
- Schreiben Sie eine Funktion `setup()`, die alle Elemente des Spielfeldes mit einem Einheitszeichen (z.B. `'.'`) beschreibt.
- Schreiben Sie eine Funktion `ausgabe()`, die das Spielfeld in der Konsole ausgibt.
- Schreiben Sie eine Benutzereingabe für die beiden Koordinaten des gewünschten Feldes.
- Setzen Sie das Zeichen `'X'` an der von der spielenden Person gewünschten Stelle.
- Ermöglichen Sie mehrere Spielzüge. Wechseln Sie das Zeichen so, dass bei der nächsten Eingabe das Zeichen `'O'` gesetzt wird.
- Schreiben Sie eine Funktion `hatGewonnen()`, die auswertet, ob jemand eine Diagonale erreicht hat. Das Spiel soll in diesem Fall enden.

6.7.4 Erweiterungen

- Werten Sie auch drei Zeichen in einer Spalte oder einer Zeile aus und sorgen Sie dafür, dass auch dann das Spiel endet.
- Der Spielgegner soll durch den Computer mittels Zufallsgenerator gespielt werden.

6.8 Teil C: Waldbrand-Simulation

6.8.1 Einführung und Aufgabenstellung

Bei dieser selbstständigen Aufgabe werden Sie einen Waldbrand unter Anwendung von **zellulären Automaten** modellieren und simulieren (Theorie dazu siehe früheres Modul). Ein 2-dimensionales Spielfeld repräsentiert eine Waldfläche. Unser Waldbrandmodell unterscheidet in seiner Grundversion die Zustände *Leer*, *Baum*, *Feuer*, *Asche*, wobei der erste und der letzte Zustand dieselben sind (siehe Abbildung 6.4). Ein Waldbrand kann durch ein zufälliges Ereignis (z.B. Blitzschlag, Brandstiftung, etc.) ausgelöst werden. Ein Brand in einem Waldflächen-Kompartiment kann auf eine benachbarte Baumfläche übergreifen.

□	leer
	Baum
	Feuer
□	Asche

Abbildung 6.4: Zustände im Waldbrandmodell. Ein leeres Feld kann auf den Zustand Baum wechseln, ein Baum kann Feuer fangen und schliesslich zu Asche mit dem Zustand leer werden.

6.8.2 Beschreibung des Modells

Das einfach Waldbrandmodell soll folgende Anforderungen erfüllen (siehe Abbildung 6.5):

- Die Waldfläche besteht aus einem Gitter der Grösse 8x8 plus Rand (total 10x10), umgesetzt als zwei NumPy-Arrays A und B.
- Die Simulation läuft über die Zeit t bis `tEnd`.
- Die Simulation startet mit einem bestimmten Prozentsatz an bewaldeten Kompartimenten (z.B. `grow_start`= 0.5).
- Auf den Wald-Kompartimenten wachsen Bäume mit einer Wahrscheinlichkeit p (z.B. 0.1) und können mit einer Wahrscheinlichkeit f (z.B. 0.005) Feuer fangen.
- Im Waldbrandmodell gibt es drei Zustände mit folgenden Werten: *Leer*, *Baum* und *Feuer*. Der Zustand *Asche* entspricht wieder dem Zustand *Leer*.
- Im Spielfeld werden bei jedem Durchgang folgende Regeln angewendet:
  - Befindet sich eine Zelle im Zustand *Leer*, dann wächst mit einer Wahrscheinlichkeit von p ein Baum. Der Zustand wechselt auf *Baum*.
  - Befindet sich eine Zelle im Zustand *Baum* und ist mindestens eine Nachbarzelle im Zustand *Feuer*, dann wechselt der Zustand der Zelle auf *Feuer*.
  - Falls ein *Baum* kein *Feuer* fängt, kann er mit einer Wahrscheinlichkeit von f Feuer fangen. Der Zustand wechselt in diesem Fall auf *Feuer*.
  - Falls ein *Baum* nicht Feuer fängt, bleibt er im Zustand *Baum*.
  - Befindet sich eine Zelle im Zustand *Feuer*, dann wechselt die Zelle den Zustand auf *Leer*.

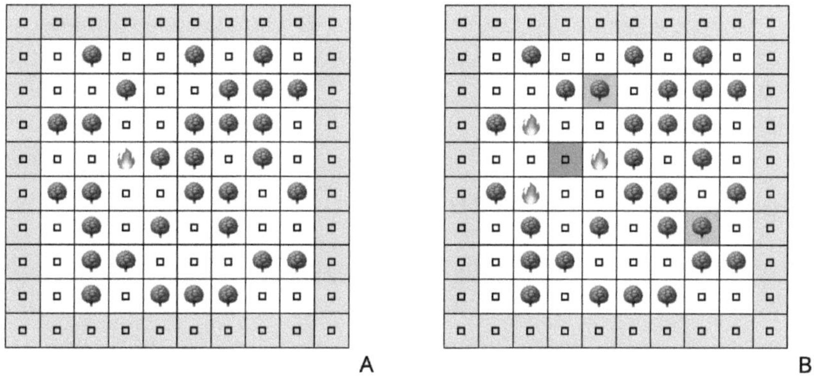

Abbildung 6.5: Beispiel der Regeln im einfachen Waldbrandmodell zu einem bestimmten Zeitpunkt (Gitter A) und einen Zeitpunkt später (Gitter B). Ein Baum im Gitter A hat spontan Feuer gefangen. In Gitter B haben eine Zeiteinheit später drei Nachbarzellen wegen ihrer Nachbarschaft zur brennenden Zelle ebenfalls Feuer gefangen (Wechsel von Baum zu Feuer). Gleichzeitig ist die zuvor brennende Zelle zu Asche geworden und zwei Bäume sind auf einem zuvor leeren oder auf einem Asche-Feld neu gewachsen.

6.8.3 Ausgangssituation

Bei dieser Aufgabe erhalten Sie als Grundgerüst ein Code-Skelett aus folgenden Elementen:

- Import-Anweisungen:
  - *NumPy* - ermöglicht die Verwendung von NumPy-Matrizen.
  - *matplotlib* - ermöglicht das Erstellen grafischer Darstellungen.
- Funktions-Definitionen:
  - `setup()` - kreiert die Ausgangssituation.
  - `print_grid()` - gibt die Matrix in der Konsole aus.
  - `burn()` - bestimmt, ob eine Nachbarzelle brennt.
  - `count()` - zählt die brennenden Kompartimente.
  - `update()` - berechnet die Zustände für eine nächste Zeiteinheit.
- Variablen im Hauptprogramm:
  - `EMPTY`, `TREE` und `FIRE` - speichert ein Emoji (*Bildschriftzeichen*) für die Zustände des Modells.

– size, grow_start, p, lightning - setzt Simulationsparameter wie Gitter-Grösse, Wahrscheinlichkeiten für Baum beim Programmstart und Blitzeinschlag.
– Grid - speichert das Gitter im Hauptprogramm.

6.8.4 Mögliche Zwischenschritte

Eine Grundversion der Waldbrand-Simulation kann in folgenden Zwischenschritten erstellt werden:

- Ausgangssituation in der Funktion setup() erstellen, im Hauptprogramm aufrufen und in Grid speichern.
- Grid durch die Funktion print_grid() in der Konsole ausgeben.
- Neue Variable tEnd und eine Schleife für mehrere Generationen einführen.
- Regeln zur Veränderung der Zellzustände in update() definieren, ins Hauptprogramm zurückgeben und Grid aktualisieren.
- In burn() prüfen, ob eine Nachbarzelle brennt.
- In count() zählen, wie viele Zellen im Zustand *Feuer* sind und in einer neue Liste abspeichern.
- Grafische Darstellung der Resultate über die Zeit (Beispiel siehe Abbildung 6.6).

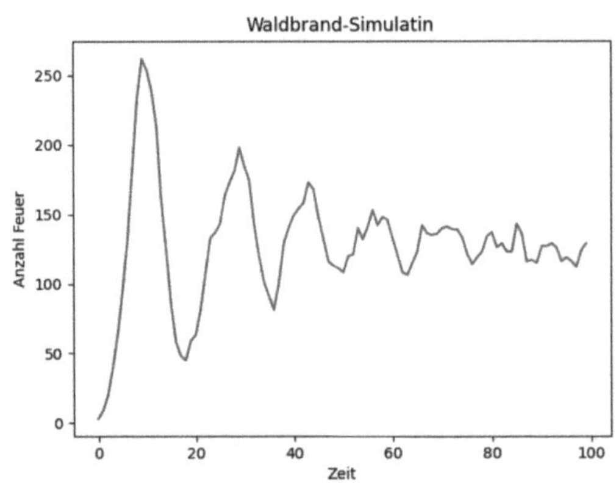

Abbildung 6.6: Beispiel einer Auswertung der Waldbrand-Simulation (size=50, grow_start=0.5, p=0.1, lightning=0.005, t=100).

6.8.5 Erweiterungen

Hier finden Sie einige Ideen, wie Sie Ihre Simulation erweitern können:

- Vergrössern Sie das Spielfeld (z.B. auf 100x100) und lassen Sie die Simulation mit unterschiedlichen Parametern laufen und werten Sie die Resultate aus.
- Erweitern Sie das Modell mit weiteren Zuständen, z.B. Bereiche, die kein Feuer fangen können (z.B. Brandschneise oder Strasse) oder verschiedene Wachstumsstufen der Bäume (z.B. junger Baum, wachsender Baum, ausgewachsener Baum). Definieren Sie neue Regeln und passen Sie die Regeln der Grundversion entsprechend an.
- In der Literatur wird beschrieben, dass in dynamischen Modellen nach einer bestimmten Zeit ein stabiler Zustand (so genannte *selbstorganisierte Kritikalität* oder *self-organized criticality*) erreicht werden kann. Das heisst, die Anzahl der Bäume im Spielfeld bleiben nach vielen Generationen mehr oder weniger konstant. Können Sie mit Ihrer Simulation einen solchen Zustand erreichen? Bei welcher Anzahl Bäumen wird der Zustand erreicht? Variieren Sie die Parameter p und f.
- Erstellen Sie eine Live-Animation mit `FuncAnimation` der Klasse `animation` der library `matplotlib` (für Leute, die gerne eine Herausforderung haben). Details finden Sie unter (https://matplotlib.org/stable/api/animation_api.html).

6.9 Bedingungen für die Präsentation

Führen Sie einer Assistenzperson Ihre erstellten Programme vor. Überlegen Sie sich, wie Sie einem Laien folgende Fragen erklären würden:

- Wie werden Vektoren und Matrizen gespeichert?
- Wie werden Elemente von Vektoren und Matrizen adressiert?
- Wie interpretieren Sie die Resultate Ihrer Simulationen?

Die Begriffe dieses Kursmoduls sollten Sie mit einfachen Worten erklären können.

E.Tutorial
www.et.ethz.ch

Programmieren mit Python Modul 7

Klassen und Objekte

Theorieteil

Autoren:

Lukas Fässler, Marco Schmid, Markus Dahinden

Begriffe

Klassen	Objekt-Methode
Objekte	Referenz
Instanz	
Objekt-Variable	Konstruktor

Theorieteil

7.1 Modulübersicht

Je grösser ein Programm wird, desto wichtiger ist es Ordnung zu halten. Ein Konzept, um die Übersicht besser zu behalten, ist die *Modularisierung*. Das heisst, dass wir unser Programm in einzelne, kleinere Komponenten aufteilen. Im Kapitel zu *Funktionen* haben wir bereits eine mögliche Variante der Modularisierung gesehen, indem die Ausführung von gewissen Codezeilen einer Funktion übergeben wurde.

In diesem Kapitel beschäftigen wir uns mit **Objekten und Klassen**. Die Idee dahinter ist, dass unsere Welt aus Objekten besteht, wie z.B. Personen, Autos, Bäume, Häuser, Länder, Werkzeuge und Schuhe. Jedes dieser Objekte hat bestimmte Charakteristiken und kann andere Objekte beeinflussen. Eine Klasse stellt eine Beschreibung ("Schablone" oder "Bauplan") für Objekte dar, die durch gleiche oder ähnliche Eigenschaften und Verhaltensweisen charakterisiert sind. Von einer Klasse können mehrere Objekte (*Exemplare* oder *Instanzen*) erzeugt werden. Dies ist eine sehr intuitive Beschreibung des Konzepts der objektorientierten Programmierung.

7.2 Klassen definieren und Objekte erstellen

7.2.1 Einführung

Objekte dienen dazu, **Daten (Variablen)** und ihre dazugehörigen **Funktionalität (Methoden)** als eine Einheit zu verwalten. Aus welchen Variablen und Methoden ein Objekt aufgebaut ist, wird in der zugehörigen **Klasse** festgelegt.

Beispiel: Eine Klasse Person kann z.B. folgende Variablen `name`, `vorname`, `jahrgang` und `beruf` vorgeben. Dazu können nun Objekte (verschiedene Personen) erstellt werden:

	Name	Vorname	Jahrgang	Beruf
p1	Mueller	Hans	1942	Maurer
p2	Meier	Maria	1954	Elektrikerin
p3	Koller	Andreas	1991	Student

Die Klasse (analog zur Tabellenüberschrift) gibt an, dass in den Objekten (hier die einzelnen Zeilen) die Variablen `name`, `vorname`, `jahrgang` und `beruf` abgespeichert werden sollen. Die zugehörigen Objekte `p1`, `p2` und `p3` sehen wie folgt aus:

p1: Person		p2: Person		p3: Person	
name:	Mueller	name:	Meier	name:	Koller
vorname:	Hans	vorname:	Maria	vorname:	Andreas
jahrgang:	1942	jahrgang:	1954	jahrgang:	1991
beruf:	Maurer	beruf:	Elektrikerin	beruf:	Student

Objektmethoden arbeiten mit diesen Informationen. Über eine Methode kann man zum Beispiel die Informationen über eine Person abfragen oder die Informationen updaten. Dabei gilt, dass die Methoden für jedes Objekt existieren und deshalb mit den Variablenwerten (Zustände) des zugehörigen Objekts arbeiten.

7.2.2 Klassen

Damit ein Objekt erstellt werden kann, braucht es einen **Bauplan**. In der Informatik nennt man dies *Klasse*. Darin wird beschrieben, welche Variablen und Methoden zu diesem Objekt gehören. In unserem Fall sind dies *Name*, *Vorname*, *Jahrgang* und *Beruf*. Die Klasse wird mit dem Befehl `class` definiert. Zudem können in der Klasse auch die Standartwerte der Variablen angegeben werden.

Schreibweise am Beispiel der Klasse `Person`:

```
class Person:
  name = "-"
  vorname = "-"
  jahrgang = 0
  beruf = "unbekannt"
```

> **Unerschied von Klasse und Objekt**
>
> Eine **Klasse** ist eine Konstruktionsvorlage für Objekte. Ein **Objekt** hingegen ist eine **konkrete Umsetzung** (Instanz) dieser Klasse.

7.2.3 Objekte

Objekte (Instanzen) der Klasse `Person` werden wie folgt erstellt (instanziert):

```
p1 = Person()
```

Dabei wird das Objekt im Arbeitsspeicher angelegt. Auf dieses Objekt kann via Objektnamen `p1` zugegriffen werden. Anders als bei herkömmlichen Datentypen kann man ein Objekt nicht direkt auf der Konsole ausgeben:

```
print(p1)
<__main__.Person object at 0x7f292a1f5dd8 >

p2 = Person()
print(p2)
<__main__.Person object at 0x7f292a1f5c50 >
```

Stattdessen sieht man, dass zwei Objekte der Klasse `Person` an unterschiedlichen Orten im Arbeitsspeicher instanziert wurden (sie haben unterschiedliche IDs `0x7f292a...`).

7.2.4 Instanzvariablen

Bisher sind unsere beiden Objekte `p1` und `p2` noch leer, respektive sind deren Variablen noch mit den Standardwerten gefüllt. Auf diese kann man zugreifen, wenn man den Objektnamen und den Variablennamen wie folgt angibt:

```
print(p1.name)
print(p1.beruf)
```

Ausgabe:

```
-
unbekannt
```

Will man die Variablen mit neuen Werten überschreiben, kann man dies wie folgt tun:

```
p1.name = "Mueller"
p1.vorname = "Hans"
p1.jahrgang = 1942
p1.beruf = "Maurer"
print(p1.vorname, p1.name, "-", p1.jahrgang)
```

Ausgabe:

```
Hans Mueller - 1942
```

7.2.5 Die `__init__()`-Methode (Konstruktor)

Instanzvariablen können auch gleich bei der Erzeugung des Objektes initialisiert werden. Auf diese Weise kann sichergestellt werden, dass alle benötigten Instanzvariablen mit Werten gefüllt werden. Dies geschieht mittels der `__init__()`-Methode - auch *Konstruktor* genannt - und sieht in unserer Beispielklasse Person folgendermassen aus:

```
class Person:
  def __init__ (self, name, vorname, jahrgang, beruf):
        self.name = name
        self.vorname = vorname
        self.jahrgang = jahrgang
        self.beruf = beruf
```

Das erste Argument `self` bei `__init__()` ist eine Referenz auf sich selbst. Auf diese Weise ist z.B. die Zuordnung

```
        self.name = name
```

in der Klasse `Person` unmissverständlich. Das heisst `self.name` steht für die Instanzvariable des Objekts, welches erstellt wird und `name` steht für das Argument welches der Funktion `__init__()` übergeben wird. Natürlich kann man die Argumente auch anders benennen. Jedoch sollte klar ersichtlich sein, welches Argument zu welcher Instanzvariable gehört.

Nun können die Instanzvariablen gleich bei der Erzeugung des Objektes gesetzt werden.

```
p2 = Person("Furrer", "Jakob", 1939 , "Automatiker")
print(p2.name, p2.vorname, p2.jahrgang, p2.beruf)
```

Ausgabe:

```
Furrer Jakob 1939 Automatiker
```

7.2.6 Objektmethoden

Klassen können nicht nur Daten in Form von Variablen speichern, sondern auch Funktionalitäten anbieten. Diese Funktionalität ermöglicht die Verarbeitung der Daten.

Die Funktionalität wird mit Objektmethoden, meist einfach als *Methoden* bezeichnet, angegeben. Die Methoden arbeiten mit den Instanzvariablen. Meistens sind sie dazu da, die Variablen zu verändern, ihren Wert bekannt zu geben, oder aufgrund von mehreren Variablen einen Zustand zu berechnen.

Für die Klasse `Person` kann z.B. eine Methode angeboten werden, welche die Informationen zu einer Person ausgibt (`print`). Eine weitere Methode gibt das Alter der Person zurück, wenn das aktuelle Jahr übergeben wird (`getAlter`):

```
class Person:
    def __init__(self, name, vorname, jahrgang, beruf):
        self.name = name
        self.vorname = vorname
        self.jahrgang = jahrgang
        self.beruf = beruf

    def print(self):
        print(self.name + " " + self.vorname )

    def getAlter(self, jahr):
        alter = jahr - self.jahrgang
        return alter
```

Einer Objektmethode stehen ausser den Argumenten, welche der Methode übergeben werden, auch noch die Instanzvariablen (Attribute), gekennzeichnet durch `self`, zur Verfügung.

Hinweis: Die Objektmethoden sind nur Objekten derselben Klasse vorbehalten.

```
p1.print()
>>> Meier Maria
p2.getAlter(2018)
>>> 79
```

Eine Eingabe wie

```
a = 1
a.getAlter(2018)
```

wird eine Fehlermeldung produzieren. Die Variable `a` beinhaltet ein Integer-Objekt. Integer-Objekte besitzen keine Funktion `getAlter()` und können somit auf diesem Objekt nicht aufgerufen werden.

Selbstständiger Teil

7.3 Überblick

Der selbstständige Teil dieses Moduls besteht aus folgenden Teilen:

- Teil A: Hotel-Verwaltung
- Teil B: Erdbeben-Verwaltung

7.4 Teil A: Hotel-Verwaltung

7.4.1 Aufgabenstellung

In dieser Aufgabe sollen Sie Hotel-Objekte an einem Ferienort inklusive Buchungsmöglichkeit erstellen. Die Klasse `Hotel` soll aus folgenden Attributen und Methoden bestehen:

Hotel
name: str
sterne: int
stockwerke: int
zimmer_pro_stockwerk: int
belegung: int
print_info(): none
get_gebuchte_zimmer(): int
get_max_zimmer(): int
einchecken(): bool
auschecken(): bool

Eigenschaften (Attribute)

- `name`: Hier wird der Name des Hotels abgelegt.
- `sterne`: Hier steht die Anzahl der Hotel-Sterne.
- `stockwerke`: Hier wird angegeben, wie viele Stockwerke das Hotel hat.
- `zimmer_pro_stockwerk`: Hier wird angegeben, wie viele Zimmer sich auf einem Stockwerk befinden.
- `belegung`: In diesem Attribut wird gespeichert, wie viele Zimmer aktuell belegt sind.

Methoden

- `print_info()`: Mit dieser Methode wird der Name und die Anzahl der Sterne eines Hotels auf der Konsole ausgegeben. Zudem wird angegeben, wie viele Zimmer das Hotel hat und wie viele davon aktuell belegt sind. Verwenden Sie dazu die Methoden `get_gebuchte_zimmer()` und `get_max_zimmer()`.
- `get_gebuchte_zimmer()`: In dieser Methode wird zurückgegeben, wie viele Zimmer in einem Hotel aktuell gebucht werden können.
- `get_max_zimmer()`: In dieser Methode wird zurückgegeben, wie viele Zimmer im Hotel maximal gebucht werden können.
- `einchecken()`: In dieser Methode wird der Wert der Belegung um eins erhöht. Ist die Maximalbelegung erreicht, kann nicht mehr eingecheckt werden (Rückgabewert: Boolean).
- `auschecken()`: In dieser Methode wird der Wert der Belegung reduziert. Sind keine Zimmer mehr belegt, kann nicht mehr ausgecheckt werden (Rückgabewert: Boolean).

7.4.2 Mögliche Zwischenschritte

- Erstellen Sie die Klasse `Hotel` mit den angegebenen Eigenschaften im Konstruktor (in der `__init__`-Methode). Achten Sie darauf, dass bei der Instanzierung eines Hotels die Instanzvariablen (Attribute) auch sicher belegt werden.
- Erstellen Sie 5 Hotel-Objekte und speichern Sie deren Eigenschaften.
- Implementieren Sie die angegebenen Methoden.
- Geben Sie die Informationen zu folgenden fünf Hotels ein. Die Ausgabe könnte z.B. wie folgt aussehen:

```
Hotel Edelweiss ***
5 von 40 belegt

Hotel Astoria *****
41 von 200 belegt

Hotel Alpenblick ***
21 von 30 belegt

Hotel Drei Könige **
4 von 4 belegt

Hotel Terminus *
0 von 40 belegt
```

- Machen Sie ein paar Buchungsanfragen, indem Sie die Methoden direkt aufrufen (sie brauchen keine Benutzer-Interaktion zu programmieren). Die Ausgabe könnte z.B. wie folgt aussehen:

```
Hotel Drei Könige **
Anfrage für 1 Zimmer
4 von 4 belegt
Das Drei Könige ist leider voll.

Hotel Alpenblick ***
Anfrage für 1 Zimmer
21 von 30 belegt
Sie können im Alpenblick einchecken.
```

- Checken Sie einige Personen ein und wieder aus. Die Ausgabe könnte z.B. wie folgt aussehen:

```
2 Zimmer im Alpenblick gebucht.
Hotel Alpenblick ***
23 von 30 belegt
```

7.4.3 Erweiterungen

- Schreiben Sie in die Klasse `Hotel` eine neue Methode mit dem Namen `copy()`, welche ein neues Objekt der Klasse `Hotel` erstellt und die Eigenschaften vom aktuellen Hotel übernimmt. Das Objekt des neuen Hotels wird mittels `return` zurückgegeben.

```
hotel_2 = hotel_1.copy()
```

7.5 Teil B: Erdbeben-Verwaltung

7.5.1 Ausgangslage

In dieser Aufgabe erweitern Sie ein gegebenes Python-Projekt, so dass Sie damit Erdbebendaten aus der Schweiz speichern und auswerten können. Öffnen Sie dazu das "Erdbeben"-Projekt auf der Code Expert-Plattform und studierenden Sie die Ausgangssituation. Sie finden dort vier Dateien:

- `main.py`: Diese Datei beinhaltet das Hauptprogramm für die Erdbebenverwaltung.
- `erdbeben_ch.csv`: Diese Datei beinhaltet die Informationen von 6404 Erdbeben in der Schweiz im CSV-Format.
- `measurement.py`: Leere Datei, in welche Sie die Klasse `Measurement` zur Speicherung einer Messung programmieren sollen.
- `coordinate.py`: Vorgegebene Klasse zur Speicherung einer Erdbebenposition (lat, lon) und zur Berechnung der Entfernung zwischen zwei Erdbeben.

Entfernungsberechnung zwischen geografischen Koordinaten

Mit der wachsenden Verbreitung von GPS-Geräten können einfach geografische Koordinaten auf der Erdoberfläche bestimmt werden. Um die Distanz (Luftlinie) zwischen zwei Koordinaten auszurechnen, können Sie die in der Klasse `Coordinate` vorgegebene Methode verwenden.

Programmcode Klasse `Coordinate`

```
from math import *

class Coordinate:
    def __init__(self, deg_latitude, deg_longitude):
        self.latitude = radians(deg_latitude)
        self.longitude = radians(deg_longitude)

    def __str__(self):
        return str(self.latitude) + ", " + str(self.latitude)

    def distance(self, other):
        dlat = self.latitude - other.latitude
        dlon = self.longitude - other.longitude
        hav = sin(dlat / 2)**2 + cos(self.latitude) * \
          cos(other.latitude) * sin(dlon / 2)**2
        return 6373 * 2 * atan2(sqrt(hav), sqrt(1 - hav))
```

Diese Klasse besteht aus folgenden Attributen und Methoden:

Coordinate
latitude: float
longitude: float
__init__()
__str__(): str
distance(): float

- Klasse `Coordinate`: `longitude` (*Längengrad*) und `latitude` (*Breitengrad*) gehören zusammen und können unter dem Datentyp `Coordinate` zusammengefasst werden.
- Methode `__init__()`: Dieser Konstruktur wird ausgeführt, wenn ein Objekt erzeugt wird. Die Parameterwerte werden an diese Objektmethode übergeben. Sie rechnet Gradmass in Bogenmass um und setzt die Attribute `latitude` und `longitude`.
- Methode `__str__()`: Diese Methode definiert, was ausgeführt wird, wenn eine Instanz an `print()` übergeben wird.
- Methode `distance()`: Diese Methode berechnet die Distanz zwischen zwei geografischen Koordinaten.

Mögliche Ausgabe Die Eingabe zweier Koordinaten-Objekte berechnet die Distanz in Kilometern:

```
zurich = Coordinate(47.36667, 8.55)
brisbane = Coordinate(-27.46794, 153.02809)
print(int(zurich.distance(brisbane)), "km")

# Ausgabe
16232 km
```

7.5.2 Aufgabenstellung

Das bestehende Programm soll so erweitert werden, dass Erdbebenmessungen als Objekte verwaltet werden können.

Datenquellen

- **Schweizerischer Erdbebendienst**: Daten von 2001 bis 2008 (Abbildung 7.1). Der Nachfolgede Programmcode ist auf diese Datenquelle ausgerichtet:

  `http://ecos09.seismo.ethz.ch/result.html?tremors=earthquake&time_start=2001&time_end=2008`

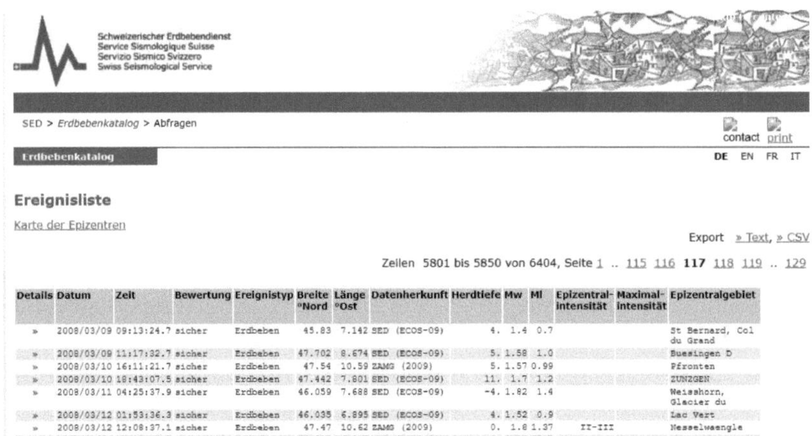

Abbildung 7.1: Beispiel von Erdbebendaten des schweizerischen Erdbebendienstes.

- **U.S. Geological Survey (USGS)**: Aktuelle Daten. Falls Sie mit diesen Daten arbeiten wollen, müssen Sie diese Datei als CSV-Datei in Ihr Code Expert Projekt importieren und die vorgegebene Methode `read_measurements_csv()` entsprechend anpassen:

https://earthquake.usgs.gov/earthquakes/feed/v1.0/csv.php

7.5.3 Vorgehen

- Zuerst das Erstellen der Klasse `Measurement` zur Speicherung aller Daten eines einzelnen Erdbebens
- Dann die Erdbebendaten per CSV-Datei importieren und Erdbeben-Objekte instanzieren
- Und zuletzt das Programmieren der Benutzer-Interaktion für die Datenabfrage

Erstellen der Klasse `Measurement`

Die Klasse `Measurement` soll eine Datenstruktur bereitstellen, um Erdbebendaten als Objekte zu speichern. Folgende Werte sollen pro gemessenes Erdbeben gespeichert werden:

Measurement
date: str
time: str
coordinate: Coordinate(latitude, longitude)
magnitude: float

Bitte beachten Sie, dass das Attribut `coordinate` vom Datentyp `Coordinate` ist (dieser stammt aus der Klasse `Coordinate`). Sie sollen also für jedes Erdbeben eine Instanz der Klasse `Coordinate` erstellen und darin die Längen- und Breitengrade des Erdbebens speichern.

Die Eingabe von Erdbebendaten des Datentyps `Measurement` speichert die Daten als Objekte und macht folgende Ausgabe:

```
# Eingabe eines Erdbeben-Objekts

earthquake = Measurement("22.12.2019", "13:33",
Coordinate(-33.344, -72.431), 4.7)

print(earthquake)

# Ausgabe

Erdbeben der Stärke 4.7, gemessen am 22.12.2019 um 13:33
an Position -0.5819625857849893, -1.2641594305120127
```

> **Hinweis**
>
> In der Methode __str__() können Sie definieren, was ausgegeben wird, wenn die Instanz der Funktion `print()` übergeben wird.

Mögliche Zwischenschritte

- Schreiben Sie die Klasse `Measurement` in die Datei *measurement.py*.
- Schreiben Sie die Methode `__init__()` mit allen Attributen.
- Schreiben Sie die Methode `__str__()`, wobei Sie alle relevanten Informationen zum Erdbeben ausgeben, sobald die Instanz der Funktion `print()` übergeben wird.
- Testen Sie Ihre neue Klasse `Measurement`, indem Sie in der Datei `main.py` manuell eine Instanz des Erdbeben-Objekts erstellen.

CSV-Import und Objekte erstellen

Als nächstes sollen Sie alle Erdbeben aus der Erdbeben-Datei (*erdbeben_ch.csv*) importieren. Schauen Sie sich den Inhalt dieser Datei an.

Beispiel einer Zeile in dieser CSV-Datei

```
30274940.00000; 2001/01/20 15:49:10; certain; earthquake;
45.856; 8.142; "SED (ECOS-09)"; 13.0; 2.56; 2.6;
```

Folgende Informationen der Zeile sollen gelesen und als Objekt gespeichert werden:

- Index 0: Schlüssel für Dictionary. Wird in natürliche Zahl umgewandelt

- Index 1: Datum und Uhrzeit. Wird beim Leerzeichen unterteilt
- Index 4: Längengrad. Wird in Kommazahl umgewandelt
- Index 5: Breitengrad. Wird in Kommazahl umgewandelt
- Index 9: Erdbebenstärke auf der Richterskala. Wird in Kommazahl umgewandelt

Die Funktion für den Import der CSV-Datei haben wir Ihnen unter dem Namen `read_measurements_csv()` bereitgestellt. Diese Funktion verlangt einen gültigen Dateinamen.

Mögliche Zwischenschritte

- Studierenden Sie die Funktionsweise der Funktion `read_measurements_csv()` und schreiben Sie Kommentare, um Ihre Erkenntnisse festzuhalten.
- Lesen Sie alle Erdbeben mit dieser Funktion ein und speichern Sie den Dictionary mit allen Erdbeben unter einem von Ihnen gewählten Namen.

Benutzer-Interaktion für Datenabfrage

Schreiben Sie eine Benutzer-Interaktion, mit der Daten aus der Datensammlung abgefragt werden können. Ihr Programm sollte folgende Interaktionen unterstützen:

- Eingabe einer Erdbeben-ID
- Ausgabe der Informationen zum gewünschten Erdbeben
- Fehlermeldung bei einer ungültigen ID
- Beenden der Eingabe

Beispiel einer Abfrage

```
Geben Sie eine Erdbeben-ID ein (Abbrechen mit 0):
3011230.00000
Erdbeben-ID nicht gefunden.

Geben Sie eine Erdbeben-ID ein (Abbrechen mit 0): 30238980
Erdbeben der Stärke 1.86, gemessen am 2001/10/19 um
06:55:36 an Position 0.8269369995949134, 0.1733111947230369

Geben Sie eine Erdbeben-ID ein (Abbrechen mit 0): 0
Bye.
```

7.5.4 Erweiterungen

- Geben Sie die 10 stärksten Erdbeben aus.

- Visualisieren Sie in einem Histogramm die Häufigkeit der Erdbeben nach Erdbebenstärke.
- Plotten Sie die Erdbeben nach Längen- und Breitengrad.

7.5.5 Bedingungen für die Präsentation

Führen Sie einer Assistenzperson Ihre erstellten Programme (Hotel-Verwaltung und Erdbeben-Verwaltung) vor.

Überlegen Sie sich, wie Sie einem Laien folgende Fragen erklären würden:

- Was bringt die objektorientierte Programmierung für Vorteile?
- Was ist die Rolle einer Klasse bei der Erzeugung von Objekten?
- Was ist der Unterschied zwischen Objekt-Methoden und Funktionen?
- Was macht ein Konstruktor?

Die Begriffe dieses Kursmoduls sollten Sie mit einfachen Worten erklären können.

E.Tutorial
www.et.ethz.ch

Programmieren mit Python Modul 8

Data Science mit Python

Theorieteil

Autoren:

Robin Schmidiger, Markus Dahinden, Lukas Fässler

Begriffe

Client-Server Modell	Pandas
HTTP	DataFrame
URL	Pandas Filter
GET Request	Pandas Functions
Response Object	Plot
Request Parameter	GeoPandas
defaultdict	

Theorieteil

8.1 Modulübersicht

Das Internet ist eine der bedeutendsten Erfindungen des letzten Jahrhunderts. Es hat die Art und Weise verändert, wie wir kommunizieren, arbeiten und leben. Es hat auch die Art und Weise verändert, wie wir Daten betrachten. Heute haben wir Zugriff auf riesige Datenmengen aus aller Welt. Diese Daten können genutzt werden, um neue Erkenntnisse zu gewinnen und bessere Entscheidungen zu treffen. Dazu müssen wir jedoch in der Lage sein, die Daten zu erfassen, zu speichern und zu analysieren. Hier kommt Data Science ins Spiel.

Data Science ist die Wissenschaft von Daten, ihrer Erfassung, Speicherung und Analyse. Es handelt sich um ein interdisziplinäres Fachgebiet, welches Statistik, Informatik und Fachwissen miteinander verbindet. Da das Fachgebiet so breit gefächert ist, ist es schwierig, eine präzise Definition von Data Science zu geben. Noch schwieriger ist es, alle Aspekte von Data Science in einem einzigen Kurs abzudecken. Daher konzentriert sich dieses Modul auf die folgenden Themen:

- **Datenerfassung**, insbesondere die Erfassung von Daten aus dem Internet mithilfe von **GET-Anfragen** (engl. *requests*).
- **Datenanalyse**, insbesondere das **Filtern und Umformen** von Daten, die als Tabelle vorliegen.
- **Datenvisualisierung**, insbesondere die Erstellung von **Liniendiagrammen** aus Daten, die als Tabelle vorliegen.

8.2 Datensammlungen über Internet

Um Daten analysieren zu können, müssen wir sie zunächst erfassen. Dieser Abschnitt befasst sich speziell mit der Erfassung von Daten aus dem Internet. Bevor wir dies tun können, müssen wir verstehen, wie das Internet funktioniert.

8.2.1 The Client-Server Modell

Das Internet ist ein weltweites Netzwerk aus Computern, die miteinander verbunden sind. Wenn diese Computer miteinander kommunizieren, übernehmen sie unterschiedliche Rollen. Die gängigsten Rollen sind **Client** und **Server**.

Ein **Client** ist ein Computer, der Daten von einem anderen Computer **anfordert**. Ein **Server** ist ein Computer, der anderen Computern Daten **bereitstellt**.

Damit die Computer miteinander kommunizieren können, müssen sie bestimmte Regeln befolgen. Diese Regeln werden als **Protokolle** bezeichnet, und eines der wichtigsten Protokolle ist das Hypertext Transfer Protocol (HTTP).

8.2.2 Das Hypertext Transfer Protocol (HTTP)

Das **H**yper**t**ext **T**ransfer **P**rotocol (**HTTP**) ist ein Protokoll, das festlegt, wie Computer über das Internet miteinander kommunizieren. Es handelt sich um ein **Anfrage-Antwort-Protokoll** (engl. *request-respond*), was bedeutet, dass ein Computer eine Anfrage an einen anderen Computer sendet und dieser eine Antwort zurücksendet.

Die Anfrage des Clients besteht aus mehreren Komponenten:

- **Methode**: Die Methode gibt die Art der Anfrage an. Dieses Modul behandelt nur die **GET**-Methode, da sie die gängigste Methode zur Datenerfassung ist.
- **URL**: Der **U**niform **R**esource **L**ocator (**URL**) gibt den Speicherort der Daten an.

Die Antwort des Servers besteht ebenfalls aus mehreren Komponenten:

- **Statuscode**: Der Statuscode gibt an, ob die Anfrage erfolgreich war oder nicht. Statuscodes, die mit 1, 2 oder 3 beginnen, zeigen an, dass die Anfrage erfolgreich war. Statuscodes, die mit 4 oder 5 beginnen, zeigen an, dass die Anfrage nicht erfolgreich war.
- **Header**: Der Header enthalten zusätzliche Informationen zur Antwort. In diesem Kurs werden Header nicht behandelt.
- **Inhalt**: Der Inhalt enthält die eigentlichen Daten. In diesem Modul wird nur Inhalt im JSON-Format (Abkürzung für *JavaScript Object Notation*) behandelt. Dabei handelt es sich um ein standardisiertes textbasiertes Format, das auf der Syntax von JavaScript-Objekten basiert. Es wird häufig für die Datenübertragung im Internet verwendet).

8.2.3 GET Requests

GET-Abfragen (engl. *requests*) sind die gängigste Methode zur Datenerfassung. Da wir in diesem Modul ausschliesslich Python verwenden, werden alle GET-Anfragen über die Bibliothek `requests` gesendet. Die Bibliothek `requests` ist eine beliebte Drittanbieter-Library, die es uns ermöglicht, GET-Anfragen in Python mithilfe der Funktion `requests.get()` zu senden. Innerhalb der Klammern der Funktion `requests.get()` müssen wir die URL der Daten angeben, die wir erfassen möchten. Der Rückgabewert der Funktion `requests.get()` ist ein `Response`-Objekt, das die Antwort vom Server enthält.

Ein Beispiel für eine GET-Requests ist unten dargestellt:

```
import requests

response = requests.get("https://test.com")
```

In diesem Beispiel…

- ist die URL `"https://test.com"`.
- ist die Methode `"GET"`.
- wird die Antwort in der Variablen `response` gespeichert.

8.2.4 Response Object

Das **Antwort-Objekt** (engl. *response object*) enthält die Antwort vom Server. Es verfügt über die folgenden Attribute:

- `status_code`: Der Statuscode der Antwort.
- `headers`: Die Header der Antwort.
- `content`: Der Inhalt der Antwort.

Der **Statuscode** gibt an, ob die Anfrage erfolgreich war oder nicht. Es handelt sich um eine ganze Zahl zwischen 100 und 599. Zahlen von 100 bis 399 zeigen an, dass die Anfrage erfolgreich war. Zahlen von 400 bis 599 zeigen an, dass die Anfrage nicht erfolgreich war. Der **Grund** ist eine kurze Beschreibung des Statuscodes.

Du kannst wie folgt auf den Statuscode und den Grund zugreifen:

```
response.status_code
response.reason
```

Der **Header** enthält zusätzliche Informationen zur Antwort. In diesem Modul werden Header nicht behandelt.

Sie können wie folgt auf den Header zugreifen:

```
response.headers
```

Der **Inhalt** enthält die eigentlichen Daten. In diesem Kurs werden ausschliesslich Inhalte im JSON-Format behandelt.

Sie können wie folgt auf den Inhalt zugreifen:

```
response.content
```

Da der Inhalt als Byte-Zeichenkette gespeichert ist, müssen wir ihn in ein nutzbares Format dekodieren. Das einzige Format, das wir in diesem Modul behandeln werden, ist JSON.

Sie können den Inhalt wie folgt dekodieren:

```
response.json()
```

8.2.5 Request Parameters

Bei einer GET-Anfrage können wir zusätzlich zur URL weitere Parameter angeben. Diese **Anfrageparameter** werden direkt in der URL angegeben und durch ein Fragezeichen (`?`) von der URL getrennt. Wenn mehrere Parameter vorhanden sind, werden diese durch ein Und-Zeichen (`&`) voneinander getrennt. Jeder Parameter besteht aus einem Namen, einem Gleichheitszeichen (=) und einem Wert.

Hier ist ein Beispiel für eine GET-Anfrage mit Parametern:

```
import requests

response = requests.get("https://test.com?year=2021&month=1")
```

In diesem Beispiel...

- lautet die URL `"https://test.com"`.
- ist die Methode `"GET"`.
- lauten die Parameter `year=2021` und `month=1`.

8.3 Datenanalyse

Sobald wir die Daten erfasst haben, können wir mit ihrer Analyse beginnen. Dieser Abschnitt konzentriert sich speziell auf die Analyse von Daten, die in Form einer **Tabelle** vorliegen. Zu diesem Zweck verwenden wir die **`pandas`**-Bibliothek, eine der beliebtesten Bibliotheken für die Datenanalyse in Python.

8.3.1 DataFrames

Die zentrale Datenstruktur in `pandas` ist der `DataFrame`. Ein `DataFrame` ist eine zweidimensionale Tabelle, die Daten enthält. Jede Zeile in der Tabelle steht für einen einzelnen Datensatz, und jede Spalte steht für eine einzelne Variable. Konzeptionell ist ein `DataFrame` mit einer Tabellenkalkulation wie Microsoft Excel, LibreOffice Calc oder Apple Numbers vergleichbar.

Mit der Funktion `pandas.DataFrame()` lässt sich ein `DataFrame` aus einer Dictionary erstellen. Als Argument muss ein Dictionary übergeben werden, bei dem die Schlüssel die Spaltennamen und die Werte die Spaltenwerte sind.

Beispiel:

```
import pandas as pd

my_dictionary = {
    "Name": ["Alice", "Bob", "Charlie"],
    "Alter": [25, 30, 35],
    "Grösse": [1.70, 1.80, 1.90]
}

my_dataframe = pd.DataFrame(my_dictionary)
```

In diesem Beispiel...

- Der Dictinary heisst `my_dictionary`. Es enthält die Namen, das Alter und die Grösse von drei Personen.
- Der `DataFrame` heisst `my_dataframe`. Er enthält die Daten aus `my_dictionary`.

Um den `DataFrame` auszugeben, können wir die Funktion `print()` verwenden:

```
print(my_dataframe)
```

Die Ausgabe weist eine zweidimensionale Tabellenstruktur auf:

```
      Name  Alter  Grösse
0    Alice     25     1.7
1      Bob     30     1.8
2  Charlie     35     1.9
```

8.3.2 Spalten auswählen (Projektion)

Dataframes können sehr viele Daten enthalten. Daher ist es oft sinnvoll, nur einen Teil der Daten auszuwählen. Die erste Methode zur **Datenauswahl** besteht darin, eine einzelne **Spalte** auszuwählen. Dies wird als **Projektion** bezeichnet. Sie können eine einzelne Spalte auswählen, indem Sie den Spaltennamen in eckigen Klammern (`[]`) angeben.

Ein Beispiel für die Auswahl einer einzelnen Spalte ist unten dargestellt:

```
my_column = my_dataframe["Name"]
print(my_column)
```

n diesem Beispiel

- lautet der Spaltenname `"Name"`.
- ist die ausgewählte Spalte `my_dataframe["Name"]`.

Die Ausgabe enthält nur die Werte der Spalte `"Name"`:

```
0    Alice
1    Bob
2    Charlie
Name: Name, dtype: object
```

Die Methode `.info()` kann sehr hilfreich sein, um sich einen **Überblick** über die in einem `DataFrame` gespeicherten Daten zu verschaffen:

```
print(my_dataframe.info())
```

Die Ausgabe enthält eine Zusammenfassung unseres `DataFrame`:

```
<class 'pandas.core.frame.DataFrame'>
RangeIndex: 3 entries, 0 to 2
Data columns (total 3 columns):
 #   Column  Non-Null Count  Dtype
---  ------  --------------  -----
 0   Name    3 non-null      object
 1   Alter   3 non-null      int64
 2   Grösse  3 non-null      float64
dtypes: float64(1), int64(1), object(1)
memory usage: 204.0+ bytes
None
```

Es zeigt die Anzahl der Datensätze (Einträge), die Namen der Spalten und deren Datentypen sowie den Speicherverbrauch an.

8.3.3 Zeilen auswählen (Selektion)

Die zweite Methode zur Auswahl von Daten besteht darin, eine **einzelne Zeile** auszuwählen. Dies wird als **Selektion** bezeichnet. Sie können eine einzelne Zeile auswählen, indem Sie den Zeilenindex in eckigen Klammern (`[]`) angeben. Innerhalb der eckigen Klammern müssen Sie eine Bedingung angeben. Alle Zeilen, die diese Bedingung erfüllen, werden ausgewählt.

Ein Beispiel für die Auswahl einer einzelnen Zeile ist unten dargestellt:

```
my_filtered_df = my_dataframe[my_dataframe["Name"] == "Bob"]
print(my_filtered_df)
```

In diesem Beispiel...

- Die Bedingung lautet `my_dataframe["Name"] == "Bob"`.
- Der Dataframe `my_filtered_df` enthält alle Zeilen, die die Bedingung erfüllen.

Die Ausgabe enthält nur die Zeile mit dem Namen `"Bob"`:

```
  Name  Alter  Grösse
1  Bob   30     1.8
```

8.3.4 Neue Spalten erstellen

Neben der Auswahl von Daten können wir auch **neue Spalten erstellen**. Neue Spalten können entweder aus bestehenden Spalten oder aus Konstanten erstellt werden.

Ein Beispiel für die Erstellung einer neuen Spalte aus einer bestehenden Spalte ist unten dargestellt:

```
my_dataframe["AgeInMonths"] = my_dataframe["Age"] * 12
print(my_dataframe)
```

In diesem Beispiel...

- Die neue Spalte heißt `"AlterInMonaten"`.
- Die neue Spalte wird aus der vorhandenen Spalte `"Alter"` erstellt.

Die Ausgabe enthält eine zusätzliche Spalte mit dem Namen `"AlterInMonaten"`, die die berechneten Werte für jede Zeile enthält:

```
      Name  Alter  Grösse  AlterInMonaten
0    Alice   25     1.7           300
1      Bob   30     1.8           360
2  Charlie   35     1.9           420
```

8.3.5 Pivot Tabellen

Pivot Tabellen ermöglichen es, mehrdimensionale Datenlisten zweidimensional zusammenzufassen. Dadurch wird eine vorhandene Tabelle in eine Tabelle mit anderen Spalten umgewandelt. In `pandas` erstellen wir eine Pivot Tabelle mithilfe der Funktion `pivot()`.

Die Funktion `pivot()` benötigt drei Argumente:

- `index`: Die Spalte, die als **Index** der neuen Tabelle verwendet werden soll.
- `columns`: Die Spalte, die als **Spalten** der neuen Tabelle verwendet werden soll.
- `values`: Die Spalte, die als **Werte** der neuen Tabelle verwendet werden soll.

Nachfolgend finden Sie ein Beispiel für eine Pivot-Tabelle.

```
my_pivoted_df = my_dataframe.pivot(index="Name",
                                   columns="Alter",
                                   values="Grösse")
print(my_pivoted_df)
```

Hinweis: Die Zeilenumbrüche in der Pivot-Funktion wurden aus Gründen der Übersichtlichkeit eingefügt. Der Befehl kann auch in nur einer Zeile statt in drei geschrieben werden.

In diesem Beispiel...

- ist der Index `"Name"`.
- sind die Spalten `"Alter"`.
- sind die Werte `"Grösse"`.

Die Ausgabe zeigt eine Tabelle, in der wir bei Angabe des Namens einer Person deren Grösse für verschiedene Altersstufen sehen können:

```
Alter     25   30   35

Name
Alice    1.7  NaN  NaN
Bob      NaN  1.8  NaN
Charlie  NaN  NaN  1.9
```

Selbstständige Aufgabe

8.4 Übersicht

In dieser selbstständigen Aufgabe arbeiten Sie mit Meteoriten-Daten. Dieser Datensatz wird von der NASA gepflegt und enthält Informationen zu über 40'000 Meteoritenfunden. Abbildung 8.1 zeigt eine Luftaufnahme eines der in diesem Datensatz gespeicherten Meteoriten.

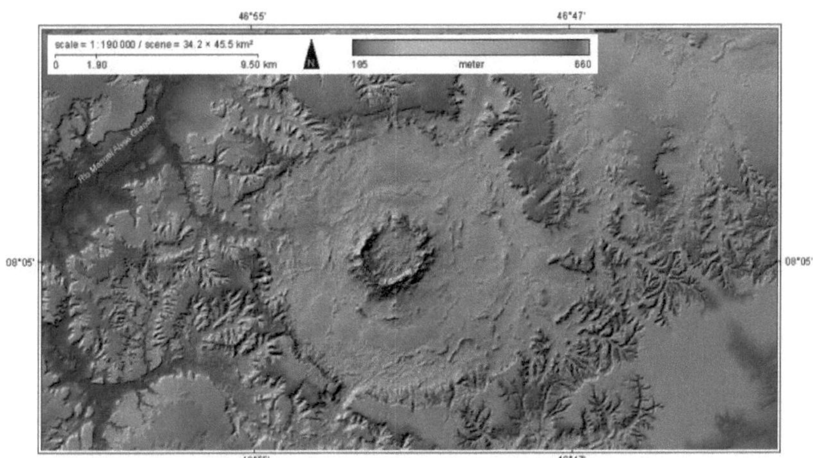

Abbildung 8.1: Beeindruckender Meteoritenfund in Brasilien (Serra da Cangalha). Quelle: Gottwald, Kenkmann, Reimold: Terrestrial Impact Structures, The TanDEM-X Atlas, Verlag Dr. Friedrich Pfeil.

Der selbstständige Teil dieses Moduls besteht aus drei Teilen:

- Teil A: Laden Sie einen Datensatz mit Meteoritenfunden aus aller Welt herunter.
- Teil B: Analysieren Sie die Daten und erstellen Sie eine Visualisierung der Funde im Zeitverlauf.
- Teil C: Visualisieren Sie die Meteoritenfunde in der Schweiz auf einer Karte.

8.5 Teil A: Meteoritendaten von der NASA-Website herunterladen (über API)

8.5.1 Aufgaben

Ihre Aufgabe ist es, ...

- die ca. 45'000 Datensätze per API-Anfrage von der NASA-Website herunterzuladen.
- die Daten in einem `pandas`-DataFrame zu speichern.
- den Inhalt des DataFrame zu überprüfen.

8.5.2 Daten per GET-Anfrage herunterladen

Die Daten sind unter folgender URL verfügbar:

```
https://data.nasa.gov/docs/legacy/meteorite_landings/gh4g-9sfh.j
```

Bezugsbegrenzung (Rate Limitation)

Die API hat eine Bezugsbegrenzung von 1'000 Zeilen pro Anfrage. Um mehr als 1'000 Zeilen abzufragen, gibt es zwei Möglichkeiten.

Verwendung des Parameters „limit"

Sie können den Parameter $limit= verwenden, um die maximale Anzahl der zurückgegebenen Datensätze festzulegen. Die Meteoriten-API unterstützt maximal 5'000 Datensätze pro Anfrage.

Verwendung des Parameters „offset"

Eine weitere Möglichkeit ist die Verwendung des Parameters $offset=. Damit legen Sie den Startpunkt fest, ab welchem Eintrag die Daten gelesen werden sollen. Wenn Sie ihn beispielsweise auf 1'000 setzen, werden die ersten 999 Datensätze übersprungen.

Profi-Tipp: Um alle Datensätze herunterzuladen, müssen Sie beide Parameter kombinieren. Um beispielsweise die „4. Seite" der Datensätze (Datensätze 20'001 – 25'000) abzurufen, müssen Sie den Parameter `$limit` auf 5'000 Datensätze und den Offset auf 20'000 setzen. Verwenden Sie eine for-Schleife, um alle Datensätze abzurufen.

Der Inhalt der Antwort liegt im JSON-Format mit folgender Struktur vor:

```
{
    'name': ['Achen'],
    'id': [1],
    'nametype': [Valid],
    'recclass': [L5],
    'mass (g)': [21],
    'fall': [Fell],
    'year': [1880],
    'reclat': [50.775000],
    'reclong': [6.083330],
    'GeoLocation': [(50.775, 6.08333)]
}
```

Hinweis: Wenn Sie in einer externen IDE arbeiten, sollten Sie beachten, dass sich durch eine Systemumstellung die offizielle Abfrage von der Abfrage in Code Expert unterscheidet. Wir empfehlen daher, die Aufgabe in Code Expert zu lösen (Stand April 26).

Mögliche Zwischenschritte

- Definieren Sie ein `defaultdict`, in dem die Daten für alle ca. 45'000 Meteoriten gespeichert werden.
- Laden Sie die ersten 5'000 Datensätze mithilfe der API-Parameter (limit=5000&offset=0) herunter.
  - Erstellen Sie eine Schleife, um die restlichen Datensätze abzurufen. Passen Sie die Parameter der API-Anfrage entsprechend an.
  - Wählen Sie die Abbruchbedingung der Schleife so, dass sie nach 50'000 Datensätzen beendet wird. Oder noch besser: Verwenden Sie `break`, um die Schleife zu beenden, sobald die API-Antwort keine Datensätze mehr enthält.
  - Speichern Sie die Antwort in einem `defaultdict`.

Hinweise

- Diese Übung ähnelt strukturell der Aufgabe „02 / Aufgabe 2: Energiedatensatz herunterladen", jedoch mit einer anderen URL und den zusätzlichen Parametern `limit` und `offset`. Sie können Ihre Lösung aus dieser Aufgabe als Ausgangspunkt für diese Übung verwenden.

- Wenn Sie Probleme haben, alle Datensätze abzurufen, können Sie die API auch ohne Parameter und ohne Schleife aufrufen. Sie erhalten dann nur 1'000 Datensätze, können aber dennoch damit arbeiten.

8.5.3 Speichern der Daten in einem pandas-DataFrame und überprüfen von dessen Inhalt

Nachdem Sie die Datensätze erfolgreich heruntergeladen und in einem `defaultdict` gespeichert haben, müssen Sie diese in ein `pandas`-DataFrame konvertieren. Kontrollieren Sie anschliessend einige allgemeine Informationen zu den Meteoritendatensätzen aus dem DataFrame:

- Liste alle Spalten und deren Datentypen auf
- Liste den Kopf des DataFrames auf (die ersten 5 Datensätze)

Versuchen Sie, die folgenden Fragen zu beantworten:

1. Wie viele Datensätze enthält das DataFrame?
2. Wie lauten die Namen der Spalten im DataFrame und welche Datentypen haben sie?
3. In welchen Ländern wurden die ersten fünf Meteoriten im DataFrame gefunden?

8.5.4 Mögliche Zwischenschritte

- Sobald alles heruntergeladen ist, konvertieren Sie das `defaultdict` in ein `pandas`-DataFrame.
- Überprüfen Sie die importierten Daten, indem Sie einige aussagekräftige Informationen über den Inhalt des DataFrames ausgeben. Dazu können Sie die im E.Tutorial vorgestellten Pandas-Funktionen verwenden.

8.5.5 Hinweise

- Verwenden Sie die Methoden `info()`, `head()` und `describe()` des DataFrame-Objekts, um Informationen über dessen Inhalt zu erhalten.
- Wir haben Testfälle bereitgestellt, mit denen Sie Ihre Lösung überprüfen können.

8.6 Teil B: Analysieren der Daten und Visualisieren der Funde im Zeitverlauf

8.6.1 Aufgabe

Sie haben erfolgreich Daten von über 45'000 Meteoriten importiert. Nun möchten Sie die Daten genauer analysieren. Sie haben folgende zwei Aufgaben:

1. Suchen Sie nach einzelnen auffälligen Datensätzen (schwerster Meteorit, ältester Fund und durchschnittliches Meteoritengewicht)
2. Untersuchen und Visualisieren Sie die Anzahl der Meteoritenfunde pro 10 Jahre im Zeitverlauf

Suche nach auffälligen Datensätzen

Versuchen Sie, die folgenden interessanten Datensätze herauszufiltern und übersichtlich auf der Konsole darzustellen:

- Anzahl der Meteoriten im Datensatz
- Der schwerste Meteorit im Datensatz (in Kilogramm)
- Das älteste Jahr, in dem ein Meteorit in der Datenbank gefunden wurde
- Das durchschnittliche Gewicht aller Meteoriten in der Datenbank

Mögliche Konsolenausgabe:

```
Anzahl der Meteoriten im Datensatz: 45716
Schwerster Meteorit (in kg): 60000.0
Jahr des ältesten Datensatzes im Datensatz: 860
Durchschnittliches Meteoritengewicht (in g): 13278.08
```

Die Testfälle prüfen genau diese Formulierung. Versuchen Sie, sich an diese Struktur zu halten.

Mögliche Zwischenschritte

- Rufen Sie die Zahlen aus dem DataFrame ab, entweder mithilfe der Pandas-Methoden `count()`, `max()`, `min()` oder durch Sortieren und Extrahieren des ersten Datensatzes. Verwenden Sie beispielsweise `count()`, um die Anzahl der Datensätze im DataFrame zu ermitteln:

```
print(meteorites_data["id"].count())
```

- Speichern Sie die Zahlen in einer Variablen.
- Schreiben Sie die richtige `print()`-Anweisung, um die Ausgabe wie in der obigen Konsolenausgabe zu verknüpfen.

Hinweise

- Verwenden Sie die Funktion `round()`, um die Zahlen auf zwei Dezimalstellen zu runden (z. B.
$round(2.345, 2) \rightarrow 2.35$)

Untersuchen und Visualisieren Sie die Anzahl der Meteoritenfunde im Zeitverlauf

Die Datenbank enthält eine grosse Anzahl von Meteoritenfunden. Die meisten davon wurden in den letzten Jahrzehnten gefunden und dokumentiert. Ihre Aufgabe ist es, ein Diagramm zu erstellen, das veranschaulicht, wann die systematische Dokumentation von Meteoritenfunden begann.

Das Diagramm könnte so aussehen wie in der folgenden Abbildung 8.2.

Mögliche Zwischenschritte

- Fügen Sie dem DataFrame eine neue Spalte `decade` hinzu. Speichern Sie dort das auf 10 Jahre gerundete Jahr (z. B. 1925 $\rightarrow$ 1930, 1932 $\rightarrow$ 1930).
- Gruppieren Sie die Daten anhand der gerundeten Jahreszahlen.
- Zählen Sie die Datensätze pro Gruppe und speichern Sie die Zahlen in einer neuen Variablen. Geben Sie den Inhalt der Variablen in der Konsole aus.
- Visualisieren Sie die Daten mit einem geeigneten Diagramm.
- Speicheren Sie dieses Diagramm unter `cx_out/finds_over_time.png`.

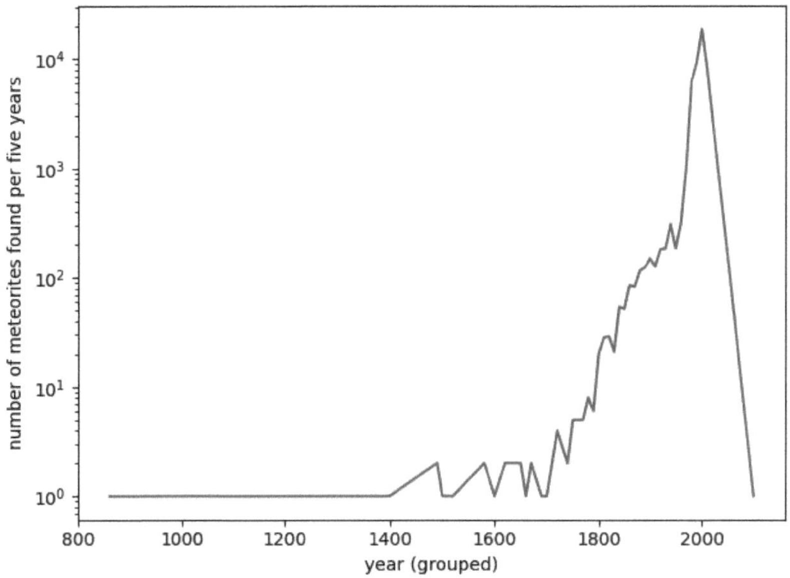

Abbildung 8.2: Mögliche Darstellung der Anzahl der in den vergangenen Jahrzehnten gefundenen Meteoriten. Die Funde sind nach Zehnjahreszeiträumen gruppiert.

Hinweise

- Sie können das Jahr mit der folgenden Formel auf 10 Jahre runden: `10 * round(meteorites_data["year"]/10)`.
- Da die Anzahl der Meteoritenfunde pro Jahrzehnt stark variiert, wird die Verwendung einer logarithmischen Skala empfohlen. Dies erreichen Sie mit: `plt.yscale("log")`.

8.7 Teil C: Visualisierung der Meteoritenfunde in der Schweiz

8.7.1 Aufgaben

Die letzte Aufgabe besteht darin, eine Visualisierung der Meteoritenfunde in der Schweiz zu erstellen (siehe Abbildung 8.3).

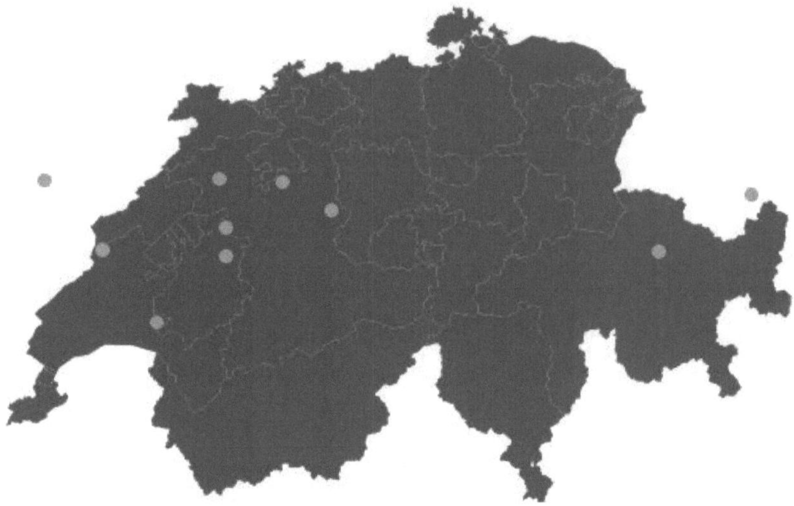

Abbildung 8.3: Visualisierung der Meteoritenfunde in der Schweiz.

Dazu verwenden wir das Modul `geopandas`, mit dem wir geografische Daten visualisieren können. Dieses Modul benötigt Koordinaten, die dann auf einer vorgegebenen Karte dargestellt werden.

Gehen Sie wie folgt vor:

1. Filtern Sie das DataFrame nach Meteoriten, die in der Schweiz gefunden wurden
2. Konvertieren Sie die Längen- und Breitengrade der Fundorte in Kartenkoordinaten
3. Erstellen Sie die Visualisierung

8.7.2 Schritt 1: Filtere den DataFrame

Nutzen Sie die Filteroptionen von Pandas, um alle Meteoriten in der Schweiz zu finden. Der Einfachheit halber beschränken wir uns auf die folgenden Eckkoordinaten der Schweiz (siehe Abbildung 8.4):

Mögliche Zwischenschritte

- Schreiben Sie den Filter für die vier Eckkoordinaten der Schweizer Grenze.
- Geben Sie die gefilterten Meteoriten aus, um zu überprüfen, ob Sie die richtigen Datensätze gefunden haben.

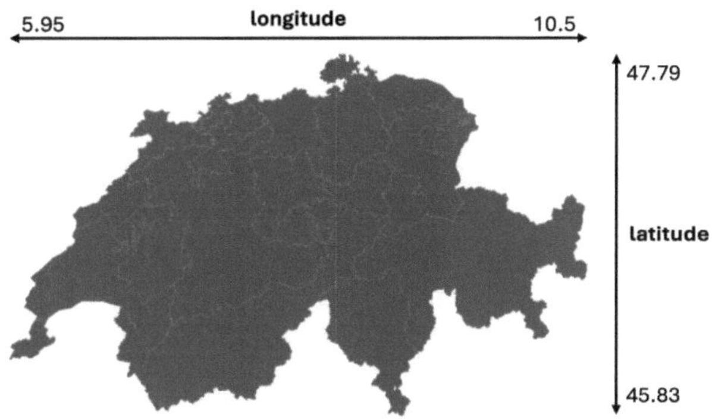

Abbildung 8.4: Grobe Schätzung der Koordinaten der Schweizer Grenze.

Hinweise

- Sie sollten 10 Meteoriten erhalten (wir stellen einen Testfall zur Verfügung, um zu überprüfen, ob Sie die richtigen Datensätze haben).

8.7.3 Schritt 2: Konvertieren Sie die Längen- und Breitengrade in Kartenkoordinaten

Sie können eine Methode aus dem Modul `Geometry` verwenden, um die Längen- und Breitengrade der Schweizer Meteoriten zu konvertieren.

Mögliche Zwischenschritte

- Importieren Sie das entsprechende Modul in Python mit:

  `from shapely.geometry import Point`
- Konvertieren Sie die Koordinaten aller zehn Meteoriten und speichern Sie sie in einer neuen Liste. Nennen Sie die Liste `list_ch_coords`. Verwenden Sie das folgende Schema, um die Werte für einen Meteoriten zu konvertieren:

  `coord = Point(reclong, reclat)`

Wenn Sie die konvertierten Daten ausgeben, sollten Sie folgende Ausgabe erhalten:

```
print(list_ch_coords)

--> [<POINT (6.817 46.55)>, <POINT (7.218 46.819)>, ... ]
```

Hinweise

- Schreiben Sie eine Schleife, um die Koordinaten aller Meteoriten effizient zu konvertieren.

8.7.4 Schritt 3: Erstellen der Visualisierung

Wir verwenden GeoPandas, um die Karte zu erstellen. GeoPandas erweitert die von pandas verwendeten Datentypen, um räumliche Operationen auf geometrischen Typen zu ermöglichen. Da Sie bisher noch nicht mit GeoPandas gearbeitet haben, werden Sie in diesem Schritt sehr genau angeleitet. Versuchen Sie dennoch zu verstehen, was getan wird, damit Sie den groben Ablauf erklären können.

Mögliche Zwischenschritte

- Importieren Sie das entsprechende Modul in Python mit: `import geopandas`
- Importieren Sie die Karte in GeoPandas und schreibe eine leere Karte in eine PNG-Datei:

```
# Importiere die Schweizer Karte
gdf = geopandas.read_file( "./maps/swiss.shp")
# Lege das richtige Format für die Schweizer Karte fest
gdf.crs = "EPSG:2056"
# Zeichne die Karte
ax = gdf.plot()
ax.margins(0)
plt.axis("off")
plt.savefig("cx_out/switzerland.png")
```

- Koordinaten konvertieren:

```
ch_dots = geopandas.GeoSeries(list_ch_coords, crs="EPSG:4326")
ch_dots = ch_dots.to_crs(gdf.crs)
```

- Punkte auf der Karte zeichnen:

```
ch_dots.plot( ax=ax, color="orange", markersize=30)
plt.savefig("cx_out/switzerland.png")
```

8.8 Erweiterungen

Hier sind einige Ideen, wie Sie Ihr Programm erweitern können:

- Fragen Sie den Benutzer/die Benutzerin nach einer Eingabe (z. B. dem Gewicht eines Meteoriten) und zeigen Sie auf der Konsole nur die Meteoriten an, die die Kriterien erfüllen.
- Zeichnen Sie alle Meteoriten, die grösser als 10 kg sind, auf einer Weltkarte ein. Die Weltkarte finden Sie im Ordner `maps`. Da die Weltkarte dasselbe Koordinatensystem wie die Meteoriten in der Datenbank verwendet, ist keine Umrechnung der Koordinaten erforderlich (beide haben das Format: `EPSG:4326`).

8.9 Bedingungen für die Präsentation

Präsentieren Sie Ihr Programm einer Assistenzperson auf dem Bildschirm oder in gedruckter Form.

Überlegen Sie sich, wie Sie die folgenden Fragen einem Laien erklären würden:

- Wie können Sie Daten über das Internet abrufen? Wie funktioniert eine Anfrage?
- Was sind die Parameter in einer GET-Anfrage und wie verwendet man sie?
- Was sind die Vorteile eines `defaultdict` gegenüber einem regulären Dictionary?
- Was ist ein DataFrame und wie unterscheidet er sich von einer Liste oder einem Wörterbuch?
- Wie filtert man Daten in Pandas?
- Wie visualisieren Sie Daten mit `matplotlib`?
- Wie interpretieren Sie die Meteoritendaten? Gibt es auffällige Datensätze?
- Warum befinden sich einige Meteoriten ausserhalb der Schweizer Grenzen, obwohl wir den Datensatz so gefiltert haben, dass nur Meteoriten in der Schweiz angezeigt werden?

Sie sollten in der Lage sein, die Konzepte/Begriffe dieses Moduls in einfachen Worten zu erklären.